RECUERDA LA MUJER QUE TÚ ERES

Manual de trabajo para sanar la feminidad

Elsa Farrus Rusiñol

A mi esposo,

que me apoya con su sonrisa,

y sostiene las alas de mi libertad,

Te amo

Este libro es para mujeres que eligen dejar de temer, vivir y estar en paz en su interior,

Bienvenidas.........

Elsa Farrus

Derechos de autor © 2023 por Elsa Farrus Rusiñol

Todos los derechos reservados.

Ninguna parte de este libro puede ser utilizada o reproducida en cualquier forma sin el permiso escrito del editor, excepto en el caso de citas breves en artículos críticos o reseñas.

Para más información, o para organizar un evento, contacte a:

https://elsafarrus.es/

Diseño de la cubierta e ilustraciones por Elsa Farrus

Diseño del libro por Cosmin Popescu

Primera edición: Noviembre 2023

ÍNDICE

¿PARA QUÉ TRABAJARTE CON ESTE LIBRO?	7
PRÓLOGO JOSE LUIS RAVI SOL	16
MÓDULOS DE TRABAJO	31
MÓDULO 1: RESTAURANDO LA PROPIA FEMINIDAD	34
PRÁCTICAS MODULO 1	59
MÓDULO 2: ABRAZANDO TU ADOLESCENCIA	81
PRÁCTICAS MODULO 2	105
MÓDULO 3: CONVERTIRSE EN MUJER	122
PRÁCTICAS MODULO 3	143
MÓDULO 4: LA MUJER SACRA Y EL ELEMENTAL DEL CUERPO	170
PRÁCTICAS MÓDULO 4	197
MÓDULO 5: ESTAR EN PRESENCIA	236
PRÁCTICAS MÓDULO 5	255
DESPEDIDA	279
AGRADECIMIENTOS	288

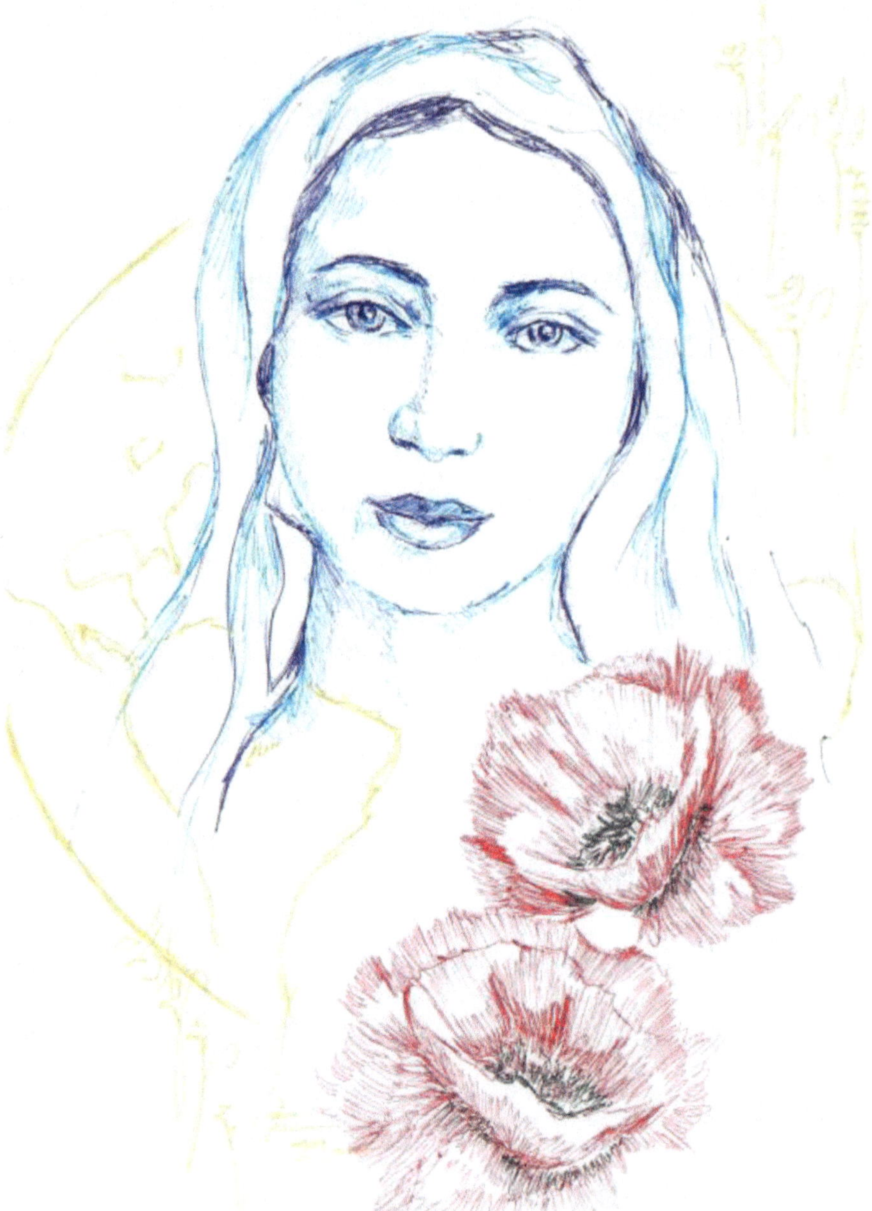

¿PARA QUÉ TRABAJARTE CON ESTE LIBRO?

A lo largo de muchos años se trabajó; me he dado cuenta de que hay una parte inconsciente nuestra: que siempre mira a mamá; exigiéndole que sane nuestro femenino, que me dé mi identidad, que resuelva todas mis emociones y mis dificultades como mujer.

Yo estuve en una época en esa fase, muy poca; pero me di cuenta de que hay muchas mujeres atrapadas en esa mirada. En esa exigencia, que en realidad está paralizando mi propio desarrollo.

Soy una persona no muy afín a los círculos de mujeres, casi podría decir que en una etapa de mi vida huía de ellas; me manejaba mucho mejor con el masculino. Pero quizá en el momento más competitivo del planeta, fue cuando los guías me pusieron el reto de trabajar con muchas mujeres de todo el planeta. Y ahí, fue donde me di cuenta de que la búsqueda interna de todos estos años en mí, podía abrazar algunas de las preguntas, que ellas empezaban a transitar ahora.

Especialmente aquellas mujeres que llevan años trabajándose, son las que reciben 0 viven la mayor división interna. Su alma antigua: comprende todo cuanto sucede, se sitúa en una mirada de amor hacia su infancia su adolescencia y sus últimos días; hasta preguntarse ¿qué ocurre en mí, y con mi feminidad?

Y es una división muy profunda, la niña está esperando que mamá le dé la respuesta. La adulta quiso amar tanto: que se convirtió en una adulta a muy pocos años, de edad olvidando el daño que le hacía a ella, el negar la realidad que tenía enfrente. Y creer que las situaciones emocionales que resolvía en los adultos de su familia, no le afectaban a ella. Mientras se apagaba por dentro.

El viaje propuesto en este libro: es el resumen de los años de trabajo con los círculos de mujeres, nos reuníamos bajo el manto de una rosa, como arquetipo de sanación, con las que trabajar un área de nuestra vida. Mas un diario personal a través de preguntas y reflexiones, donde encontrar los tesoros internos: que son la fuerza que nos ayudó a salir adelante, pero que también son el fondo del baúl de lo que olvidamos atender al sentarnos etapas de nuestra vida-

En este trabajo o libro trabajo de campo, es una propuesta para construirte: para ir a buscar aquellas partes, que no alcancé a ver en mi continuo desarrollo y crecimiento.

No es una mirada al transgeneracional: con culpas y deudas. Sino al contrario un abrazo a todas esas vergüenzas, culpas y miedos; que hemos cargado de las unas a las otras, y que no hemos podido ordenar y nos han condicionado a todos niveles en el desarrollo humano.

Vamos a trabajar juntas en un proyecto de investigación hacia ti misma. En la necesidad de profundizar, en lo que realmente te va a traer tu propia identidad

Es decir, en identificar todas aquellas ideas, ilusiones, creencias, que te han consolidado incluso desde el primer instante de Concepción y meses de vida.

Todos nosotros: somos el resultado de lo que ocurre en la concepción de nuestra vida, que se graba a nivel celular, todo cuanto recibimos a través de la madre: experiencias, creencias expectativas.

Y todo cuanto recibimos a través del padre, que nos va a dar la fuerza para dar la mirada a los proyectos, o nos va a obligar a terminar los proyectos que habían previsto para nosotros otras generaciones, lo cual nos encarcela.

En la mayoría de los casos el bebé es pura emotividad y está recibiendo constantemente una información que le va a

definir en todos sus actos:

Como va a gestionar: su vida, su personalidad y cómo

afrontar los cambios se derivará de estas cristalizaciones

Por ello en este libro vamos a trabajar de tal forma, que en ningún momento se condicionen o nos condiciones nuestros pensamientos, sino que nos apoyen y potencien.

Porque abrir el divino femenino en el interior de un ser vivo, es la apertura del portal de la propia transformación.........

Donde el cuerpo físico, etérico y emocional se cristalizan. Donde se deshacen de las capas de densidad que nos hacen creer que están separadas de su madre o de sus hijas

La vida la creación de vida en la quinta dimensión tiene en sí dos energías: la fuerza del amor y la ley de las elecciones.

Siempre ha sido así, no hay accidentes en lo que elijo, hay responsabilidad de lo que pienso de mí y de los demás; porque ello me coloca ante el otro y ante mí mismo para crecer o para mostrarme mis heridas.

Y aunque no lo creamos en ese viaje y esos encuentros llamados vida, todo lo que sucede lo he diseñado yo. Todos los encuentros son como llamadas del universo, para poner

la atención en mí mismo. Por ello soy responsable de mis elecciones y debo permitir que los demás vivan y sean responsables de las suyas.

Una de las cosas que aprendí a través de la pérdida, de las muertes a mi alrededor, es que no conocemos a nadie hasta que tocamos sus objetos y deshacemos su vida.... una vez a partido, es una especie de tobogán, donde todo lo que creía sobre la realidad se desvanece y todo lo que te contaron no era exactamente la verdad... No se trata de que mamá mintiera; si no que no podía gestionar situaciones y su cabecita creó una o varias historias para que fueran menos dolorosas

Y, en consecuencia, yo también aprendí a fabular sobre lo que creía que estaba pasando o defenderme de lo que pasaba; cuando en realidad madre e hija teníamos el mismo miedo.

Miedos, que pasan de generación en generación y se convierten en cárceles de control terribles o de dolor, hasta que nos llevan a un punto de inflexión donde reaccionamos: por dolor, por insatisfacción, por maltrato y cogemos una fuerza que nos inspira para hacer una nueva elección.

Cuando llegamos a ese punto hay una palabra un gesto una emoción, que inspira a volver al corazón, elegimos no permanecer más en esa situación, creencia, olvido de una misma o negación de vida.

Y ahí nace profundamente lo que llamamos palabra manifestada, hay nace la mujer que sabe que lo que piensa afecta a sus emociones. Y lo que viven sus emociones afecta a su físico, y por ello inicia una búsqueda muy profunda sobre ella misma, para que nada de ello se repita.

Mira esas necesidades de la niña interior y se pone a trabajar con todas y cada una de ellas; de forma independiente no para cerrarlas, sino para aprender profundamente de ellas, para que surjan nuevos pensamientos, nuevos sentimientos y su vida cobre mucha claridad.

Este realmente el propósito de este trabajo descubrirte a ti y sentirte amada por ti.

 Desde el inicio de tu vida, hasta convertirte en la mujer que no viste. Y que te hizo pensar que estabas vacía o incompleta que te hizo dependiente del amor o que te hizo ser Tirana no importa son escuelas, escuelas emocionales para entender que podemos transformarnos

Este libro te invito a abrir la historia de tu alma, para encontrar tu lugar. Para ser nutrida como hija, para que te percibas como una mujer completa, ni poderosa ni empoderada. Sino una mujer en paz consigo misma, para que la ansiedad no te robe el sueño y para que tengas herramientas para ordenar todo lo que haces a partir de hoy.

Trabajaremos esas voces que te hicieron sentir inadecuada, que no era bastante buena especialmente cuando las cosas van bien.

Trabajaremos todos esos miedos y culpas: por ser feliz, por avanzar, por dar un paso al frente, a la vida; qué es lo que está deseando tu madre y todo el árbol. Pero que la niña cree que los abandona si avanza.

Los lazos de amor están ahí siempre, aunque tú los niegues o no se vean en el físico por formas toxicas de relacionarse.

Los lazos de dolor son los que crearon nuestras personalidades; pero detrás de todos ellos está el cordón umbilical, que es muy fuerte y que sigue vivo; (se ha demostrado científicamente incluso cuando somos adultos) por ello la relación con mi madre, es la base de la relación con la tierra.

Ahora puedo profundizar en mí y cerrar la necesidad infantil de ser vista.

Trabajarse para construirse; es una elección que deja atrás la

herida del dolor como mujer, la herida de la vergüenza y todos los mecanismos de defensa, que la familia construye para que nada se desborde, olvidando incluso que lo origino.

Pero quien tiene en la mano la fuerza y las herramientas para salir de ahí; eres tú. Cuando dejas de compararte y cuando miras al presente donde llegaste, pese a todas las carencias lo reproches y las exclusiones....

No importa como podamos ver esa herida: soledad, sabotaje, exigencias, desorden de alimentos, suicidio... sabemos perfectamente cuando algo va mal con nosotras mismas. La diferencia es que ahora me doy permiso para no ser aprobada por nadie.

Simplemente elijo dejar atrás los roles y las condiciones. Y me hago responsable de mi plenitud y de mi amor.

Es aterrador cuando uno no tiene raíces crecer como árbol, y sobre todo cuando las cosas van bien: porque sabemos más resolver que expandirnos y gozar.

Pero nuestras madres son el canal exacto que necesitábamos para encarnar, era el árbol en el que me inserté, para llevar a ese punto de inspiración, que me

enseñé a amarme a mí misma y a cuidar de mí misma.

No fue un accidente la llegada del planeta y el tipo de feminidad que tanto rechazo, o no comprenda mi alrededor, son mi mayor escuela

Este trabajo, para mí inspirado con todos los años de los viajes al sur de Francia y la feminidad de las magdalenas o las Marías como las llaman allí, es una invitación a que reordenes tus conductas, a que vayas a tu interior y te olvides del linaje externo.

A que mires desde los ojos de otras generaciones y te des cuenta: que a lo mejor no eres la víctima protagonista sino simplemente un daño colateral.

También para que órdenes tus etapas, tu crecimiento, para que restaures tu niña, que no es culpable de todo cuanto te sucede. Y descubre mientras restauras a tu adolescente, para que olvides las formas de educar a tus padres, o ser víctima de tu propia rebeldía; y elijas potenciarte

Te invito a redibujar el mapa de descubrirte, dejar de disminuirte: bien sea con crítica y auto juicio, o bien sea creyendo que sigue siendo pequeña y que solo puedes

mendigar amor a través de la sexualidad, la bondad, la sumisión....

Todas necesitamos ser amadas, pero el universo solo perite lo justo en su justa medida. y esa es la visión del amor, cuando aprendo a mirar a mi madre como la mujer que soy ahora, me doy cuenta de que lo que me hacía sentir vacía o incompleta: era mi rebeldía y mi pataleta, para ser amada incondicionalmente, aun provocándome grandes lesiones y crisis para que me miren, me vean, estén atentos a mí.

La más herida entonces esos casos fui yo, el camino de la feminidad no es buscarte en otras personas. Lo de la feminidad es disciplina, procesos, observación, y elegir que mis carencias o mis heridas no se van a arreglar mirando atrás; se van a arreglar el día que yo elija dejar de estar ahí y busque cómo equilibrarlas.

El pasado no es lo que me sucedió; el pasado es lo que arrastro conmigo, día tras día, permitiendo que me condicione. Y me lo recuerdo a mí misma, quejándome de cuanto tuve que sufrir: para justificar, que no sé por dónde caminar y que me aterra ser libre, que me da miedo tener éxito, entre muchas cosas nuevas que no sé por dónde empezar.

De pequeña. aprendí a solucionar, defender y llorar; antes que gozar y reír. Quizá donde cada una nació, lo

último no existía. Y al salir al mundo comprobé que otros sí lo tenían, para que sepa que existe, sé que ahora puedo trabajar para alcanzarlo.

Te invito a que tengas un cuaderno contigo; que mientras vas avanzando en los módulos y las preguntas, lleves un diario para ti, para recoger todo aquello que va surgiendo de tu propia historia. Y que te sorprendas en las reflexiones......etc. Que te sorprendas de cómo no te arriesgaste por miedo a perder el amor, no solo con mama y papá, si con todas las relaciones de tu vida.

Como dije antes: puedas elegir escribir nuevas líneas en el cuaderno de tu vida, puedes dejar de musicalizarte para sobrevivir como mujer, puedas amar todos los tipos de rol femenino que hay en la sociedad.

Es tiempo de escribir tu historia como mujer, puede que cometas errores, puede que te despistes nuevamente en el camino. pero la diferencia es que la ruta ahora nacerá desde tu decisión, que te podrás abrazar y dar ánimos. Incluso reconocer lo que sí hiciste bien, abandonando esa crítica interna, para que nadie te diga desde una posición por encima tuyo, cuáles son tus necesidades. Para que quien

esté a tu lado; desde un vecino hasta el amor de tu vida, construya junto a ti y os sostengáis mutuamente, sin carga y sin codependencias.

Dejemos de mirar a las mujeres de nuestro linaje, para mirar que pasa dentro de nosotras, y podamos asumir aquello que nos hace bien y que nos nutre, para construirnos como personas.

Te invito a abrazar a todas las mujeres que habitan en ti, llevándolas del llanto al gozo. Si te atreves empieza hoy el mayor camino de transformación por ti misma ¿quieres acompañarme?

PRÓLOGO JOSE LUIS RAVI SOL

Hola, tienes entre tus manos este libro que es fruto del trabajo de más de 30 años de Elsa. Tal vez sus páginas te lleven a recordar los últimos trabajos de Elsa Farrús, pero en sus páginas se respira mucha formación profesional, académica, un sinfín de formaciones que ha realizados desde pequeña y con los años aún sigue, con ese espíritu de la niña que desea saber más de sí misma y del mundo.

Al igual que su entrega a la canalización con los seres de luz y entre ellos destaca madre María, que, como cualquier amiga, no tiene horario para llamarla y contarte las necesidades del planeta y los tránsitos de los seres humanos. Incluso a altas horas de la madrugada, cuando todos descansamos. Elsa está ahí dispuesta, una vez más a levantarse y transcribir los mensajes y las pautas que le son transmitidas, como ella dice: " una telefonista del cosmos ", Esa entrega es su vida diaria.

Este libro, como dice Elsa es "una propuesta para construirte", un regalo para volver a descubrirte. Entrarás en una mirada profunda, a través de los textos y los ejercicios que te propone para conectar con tu Ser, en mayúsculas. Será navegar, surfear hacia ti misma, investigando, dejándote llevar por las sensaciones que evocan cada lectura, que te llevaran a tu reencuentro.

Cuando una mujer decide ponerse en el lugar que le corresponde. se produce un movimiento en todos los aspectos de su vida ya que la misma se tejió con fidelidades inconscientes que le han lastrado sus relaciones o ha pagado un alto precio afectivo, emocional o de salud por seguir los pasos de sus antepasadas. Ellas no pudieron, pero Tú estás a tiempo. Si tomas las riendas de tu vida te traerá, a parte de un cambio de mentalidad, el beneficio de poder entenderte cuando tu mirada retrospectiva observe tus etapas, tus experiencias vividas o sobrevividas y los retos que se te vinieron.

Tomar tu vida y decirle sí a la vida es un gran proceso transformador que girará tu manera de verlo todo.

El gran beneficio que te llevas será liberar a todas tus descendientes, a ti misma y a tus ascendientes del entramado donde descubres que estás metida.

¡Sé quiere mayor acto de amor! Ahora entre tus manos está un camino por transitar.

Abrazar tu mujer sagrada en su plenitud ayuda al Planeta, a la naturaleza a realinear tu papel en el mundo. Lejos ya de las manidas expresiones de control y sumisión o sus opuestas reacciones de dominación y eliminación de todo lo masculino.

La ideología que profesa la eliminación del 50% de tus genes solo ayuda a caer en polaridad.

Hoy sabemos. por todo lo expuesto por Elsa en sus escritos, que el camino se recorre en armonía, Que la mujer sagrada es aquella que reconoce a la niña, a la adolescente e integra a su masculino. Andando en la vida sin lucha. Que la opción es reorganizar nuestro interior con la confianza en el equilibrio.

Este viaje parte desde tu concepción y llega hasta el día de hoy. Como si un proceso de metamorfosis te llevara a mudar de piel, de creencias, de límites, de fidelidades... externas, para reencontrarte en tu camino, de nuevo. Ya con la satisfacción de haberte encontrado a ti misma, con paso seguro a tu futuro.

Entre estas páginas, que te llevaran muchos días de dialogo hermoso con tus encuentros, transitarás hasta tu encuentro con ese espejo que refleja tu vida a cada instante. Te felicito por tu valentía, al encuentro con este libro y te deseo tu mejor entrega.

Elsa me propuso que le escribiera este preámbulo introductorio a su primer libro y me siento agradecido por poder expresar su entrega diaria a esta labor de años, que ahora culmina con este libro.

Sé que será el comienzo de otros que están ahí esperando dar a luz, para que su granito de arena quede constancia a la humanidad.

Y cuando pasen meses, años de que hayas leído este libro, alguien que lo lea de nuevo pueda reencontrarse y caminar de nuevo con ese traje luminoso que nos trae sentirnos Libre.

Un saludo,

José Luis Ravi Sol

COMO TRABAJARTE CON EL LIBRO

Si has llegado hasta aquí, es que estás dispuesta abrir las puertas de tu corazón, y volver a confiar en el amor.

El proceso de desarrollo de una mujer o de cualquier ser vivo en la tierra, es algo gradual.

No es una carrera espiritual, no tenemos prisa y no hay premio cuando uno llega.

Todo lo contrario, es un conjunto de procesos que van tomando forma a medida que los ordena, por ello te invito a que seas amable y cuidadosa, incluso tierna contigo misma. En aquellas ocasiones, en las que no te apetezca abrir una respuesta.

Déjala ahí y vuelve el día siguiente, o pasa a la siguiente reflexión y cuando tengas fuerza, podrás afrontarla. Pero no abandones tu proceso cuando se bloquee una de las ventanas que dan luz a tu corazón.

Porque este manual es una invitación a ser consciente de cuanto no conoces de ti misma, y que quizá otro si ve o puede que hasta te envidien, pero tú no habías tomado conciencia de ello, ni por qué.

Así que he recopilado el libro, como hicimos las clases, un módulo central donde comprender la importancia de lo que vamos a trabajar, unas meditaciones que acompañan esa frecuencia que vamos a incorporar en nosotras mismas, todas ellas canalizadas por mí. Y que te invito grabar con tu propia voz, porque está demostrado científicamente que al grabar tu voz y emitirla sobre ti mismo las células lo reconocen como un pensamiento creativo y se transforman al momento en la dirección de tus palabras.

Tenemos el maravilloso trabajo del doctor Masaru Emoto, que demostró los principios del sintoísmo japones, a través de las moléculas del agua, como había palabras que construyen cristalizaciones y otras destruir las moléculas

Pues es tiempo ya, que tu voz y tus palabras cojan certeza y confianza en las células de tu cuerpo. Y se vayan renovando a través de la purificación de tus creencias y de la confianza en ti misma.

Y una vez hayas trabajado el módulo central, encontrarás un cuaderno de ejercicios para desarrollar una vez al día son las reflexiones que te ayudarán a entrar dentro de ti

Algunas son tan obvias que dirás....¿Como no me he dado cuenta antes??

Simplemente no era el momento o el lugar para tomar conciencia de ellas

Pero ahora sí!!!, la sinceridad con la que te atrevas a contestar o hacer los ejercicios, va a marcar la diferencia entre tuyo antiguo y la mujer que empiezan a nacer en ti.

Cuando tu cuaderno de ejercicios esté completo en unos días, puedes abrir el próximo módulo; son independientes entre ellos y no importa cuánto tardas en hacerlo lo que sí es importante es que sean correlativos, porque han estado construidos con un propósito: ir desde lo más interno a lo cotidiano, de forma que todas tus personalidades se armonicen entre ellas y cojan la fuerza suficiente, para dar el próximo paso.

En alguna ocasión puede que, contestando las preguntas diarias, sientas que necesitas un apoyo mayor; está bien puedes sumarle otras terapias o técnicas a tu cuaderno de viaje; para poder ordenar algunos hechos más profundos. Siempre pedir ayuda nos va a permitir avanzar

Como trabajas en el cuaderno y en todo el libro, es como te trabajarás tú y como te vas a descubrir en tus formas: de auto exigirte o de disimular, desbloquear el llanto o bloquear la risa.

Porque este libro es una cita contigo misma, solo estarás tú y tu silencio.

Por ello, es una magnífica oportunidad para ir en busca de ti misma.

El libro entero fue Canalizado en diferentes días y procesos. A medida que avanzamos con los grupos, muchas personas se han cambiado su vida y no lo digo por mí que soy la escritora y que tuve que pasar por todos los ejercicios para poderlo transmitir a mis compañeras.

Escribir el libro también fue un gran proceso de encuentro conmigo misma, Después del anterior, proceso de encuentro conmigo misma través de los círculos de mujeres.

Hay tanto amor en nuestras almas, y hemos vivido tantas sensibilidades en tantos siglos, Que ahora este punto de neutralidad, Encuentro al presente, hará que quiero ser....

Es una oportunidad mágica que te va ayudar a volver a la paz, a la risa y a la sencillez.

Hay un viaje al fondo del alma, que brilla mucho más de lo que podíamos imaginar cuando nos atrevemos a ello. Y somos coherentes con nosotras mismas.

El camino de la rosa, como me llevó a la autosanación

Dicen que el camino de la Rosa significa dedicarse a ver belleza y a crear belleza donde quiera que uno vaya.

El llamado de la hermandad de la rosa o del linaje de mujeres, que dedicaron y dedican, su vida a servir y a crear conciencia para la humanidad y para la tierra.

Hace muchos años yo también recibí ese llamado, hecho una de mis primeras canalizaciones: me hablaban de las espinas de la rosa, que eran el manto del amor del camino que forjaría mi personalidad.

Por aquel entonces yo tenía ocho años, copié todo lo que recibí en canalización, pero lo entendí sobre los treinta.... Y aún guardo ese cartón con el texto.

Si tuviera que definirme, soy una caminante del camino de la Rosa, desde hace muchos siglos a medida que recupera mi conciencia, tomo más conciencia de cuán vieja es mi alma y cuál es mi Unión con esa sabiduría de los antiguos cultos. Incluso con conciencias de otros planos de vida, que me enseñaron a comprender la multidimensionalidad y la Inter dimensionalidad, o lo que es lo mismos, que cada alma tiene su tiempo y expresión, según el momento emocional e histórico donde se encuentra. Y que todas ellas tienen un instante universal donde equilibrar sus vidas, y florecer.

Ese es el propósito de las rosas etéricas, son arquetipos de geometría, vibración, sonido y códigos de luz, que nos ayudan a armonizar, nuestro ADN, nuestras emociones y decisiones.

Unas llegan a nuestra vida, cundo elegios lo correcto y nos abren futuribles, y otra viene a nosotros cuando elegios amarnos y cuidarnos, como un vehículo de sanación.

Nuestro cuerpo reacciona a ellas, como un botón de detona la expansión física y de amor en nuestro interior, a través de la conciencia que nos viene a traer.

La actualidad mi nombre es Elsa, soy artista me dedico plenamente al arte, con exposiciones en prácticamente muchos lugares del planeta, me licencie como restauradora de arte, me apasionaba devolver la belleza a las cosas antiguas. Y aprender de ellas.

Y después empecé a trabajar socialmente a través del arteterapia, la educación social y un sinfín de títulos más, que me permitían acceder a colectivos que tenían quizá menos medios económicos e introducirlos a la búsqueda de su propio camino de vida, a través de varias instituciones y lugares.

Una gran parte de mi vida, la he dedicado a iniciar en el arte a otros grupos de personas,

Desde niños, hasta ancianos para que puedan sanar las heridas de su alma.

Y en los últimos años con la gran apertura planetaria, he

podido incluir la parte más secreta de mí, he podido fundir toda la parte holística y de búsqueda personal, creando mis propios métodos de arte canalizado y de enseñar a las personas: a conectar con su corazón y enfrentar su experiencia humana.

Ha sido un viaje de unión entre opuestos, entre lo académico y lo holístico, y los planos canalizados de otras conciencias.

Enraizando la existencia en el día a día, con la conciencia universal que nos ayude a cruzar las experiencias.

Cuando me preguntan. si quería escribir sobre lo que me dedico, realmente fue una pregunta muy profunda porque nunca le había dado forma, siempre me he dedicado a orientar a las personas hacia el amor, y puedan salir del dolor con la fuerza unificada de lo que han vivido.

Y lo que han vivido que les defina, que les haga únicos y diferentes. Pero que no les limite ni les corte el viaje de la vida, con tristeza, depresión, estrés o miedo...

El camino de la Rosa es para mí tomar conciencia del regalo que es vivir en la tierra, Reconocerte a ti mismo, y dialogar con todos los planos de conciencia, todo con la madre Tierra.

Crear vida allí donde vamos con lo que seamos, abogados, médicos, escritores artistas... Cada uno de nosotros es sin duda un ser único, que cuando se atreve a reconocerse ayuda a construir a los demás.

Por eso en la actualidad me dedico a escribir, a compartir todas las canalizaciones, como un servicio diario para que la gente comprenda lo que le está sucediendo. En tiempo real.

Y sobre todo al arte, que permite unificar varios planos en uno solo.

Que crea un espacio para que conectes con la energía, la sabiduría y la belleza.

Con la responsabilidad de que otros puedan reconocer aquello que soñaron, vieron alguna vez en su vida y no encontraban en el plano físico.

El arte es un plano, donde todos los mundos y la naturaleza te pueden conectar con la sabiduría interior.

Y como es arte todo está permitido. Así que en la actualidad creó retiros, viajes, exposiciones, textos, donde la persona pueda reconectarse con su yo creador, y recordar quienes de dónde viene y cuál es su propósito de nacimiento.

Tras trabajar la llegada a la encarnación en sus miedos, para que puedan descubrir el amor en las pequeñas cosas y en todas sus conciencias.

A lo largo del camino, fui ampliando mis estudios a egiptología, la antropología, de la arqueología del Neolítico inglés...entre otros..

Todo ello con el propósito de comprender este llamado de la Diosa, tomado de mi esencia femenina, cuyo regalo venía a través de las rosas.

Y que me fue abriendo el camino a la magia y a la energía de la vibración, que me llevó a reconocer todo mi vínculo universal con la hermandad de la Rosa, el proceso de ascensión planetaria.

Rescatando así mi huella estelar, reordenando los símbolos universales que a lo largo de muchos años en mi vida fueron apareciendo, que son arquetipos que están en todo el inconsciente colectivo, para cuando queramos recordarlos y acceder a ellos.

Si tuviera que definir la vida de Elsa, diría como esa canalización de cuando era pequeña, que, tras un largo tallo de espinas, encontré el sentido de la paz, que me llevo a la gratitud, y que esa gratitud es la que abre la rosa de servicio, con la que tanto disfruto cada día, me siento realmente privilegiada por poder canalizar ese conocimiento universal el compartirlo, con las personas que se despiertan a diario, en igualdad y en hermandad

Porque el amor no se incluye a todos, como me dijo una vez María Magdalena... En canalización:

El amor incluye el amor es real el amor construye y está ahora llamando al corazón de todos ustedes, en el interior de su Ser.

Y la frecuencia de la Rosa o Pentaflor: en la Geometría Sagrada. Nos da la vista superior de la molécula dodecaédrica del ADN, los pétalos de una rosa cuando se abren siguen este patrón de geometría, es una imagen que nos sirve para generar punto de implosión y ordenar la energía, las ondas y la materia de manera armónica.

Lo mismo ocurre en nuestras vidas, las rosas de luz, en las que trabajaremos nos dan, un punto de neutralidad en alguno de los temas de nuestras vidas, y desde ahí se remodele la realidad física.

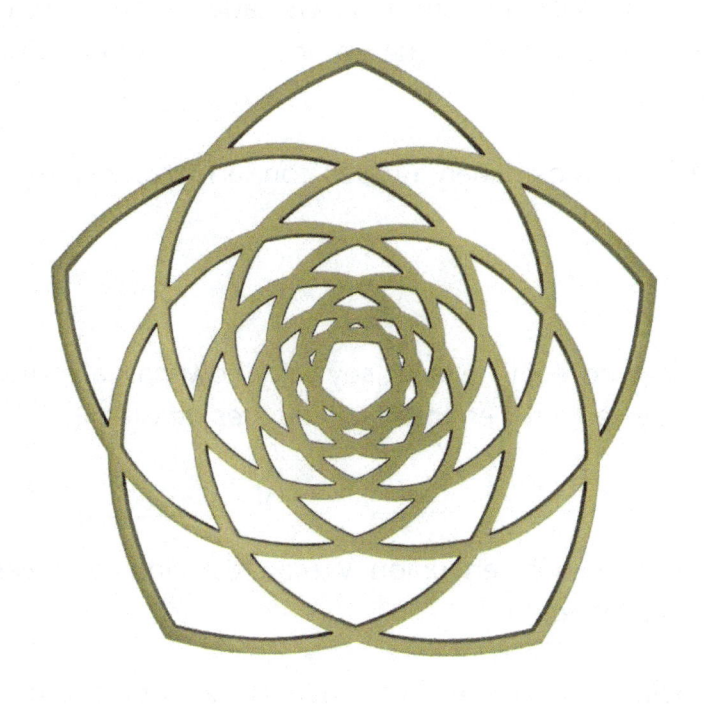

Es un símbolo construido con diez espirales doradas ordenadas sobre un pentágono. Que reactivan las espirales del ADN, reconocido por todas las filosofías herméticas de diferentes siglos, actúa como un detonante en nuestra memoria celular, y cada una de ellas, de las rosas de sanación, van directamente a la frecuencia que necesita ser equilibrada en nuestro interior, y de forma gradual, cuando ello sucede; es como una onda circular que armoniza, y espera el siguiente anillo de luz, igual que cuando lanzamos una piedra en el interior del agua, y va expandiendo círculos de vibración.

Asi actúa todo el universo, cuando yo elijo, se abre una serie de espirales de luz dorada que florecen como una rosa y reordenan toda la realidad, desde tu propia luz.

Por ello trabajaremos una rosa en cada módulo, como un soporte a los cambios que vamos a realizar en nosotras mismas.

Que las rosas nos bañen a todos con la fuerza y la luz de su corazón.

El camino de las rosas Lady Rowena

Amada hija del sol y de la luz soy Lady Rowena. La esencia de la madre está en ti y en todas las mujeres de Gaia.

Canalizado por Elsa Farrus

Todas somos una, en unión y manifestación, a través de nuestro caminar.....

La esencia de la rosa, es la frecuencia de amor que ustedes hermanas son capaces de sostener en el interior de sus corazones, y de expandir al paso de sus días y sus vidas, en actos de amor y conciencia, que compartir en toda la superficie del planeta, vida tras vida, plano tras plano....

El legado de la rosa es el amor eterno, que todas guardan en su interior; ya sean conscientes de ello o no, en algunas vidas, y se multiplica en tanto, sus corazones, restauran la propia luz, tanto en hombres como mujeres.

Arriba hermanas es tiempo de actuar, de abrazar, todo este túnel de aparente oscuridad y dar lo mejor de todas ustedes.

Así como acoger y amar a los masculinos ya despiertos y llenos de amor, que pueblan el planeta.

Es tiempo de unidad, de encuentro, con su yo interno y sus dos cosmologías: femenino y masculino divino en sus linajes y en ustedes.

No significa que lo vivido no pese, sino saber ver el pacto de amor entre almas, para que todos ustedes se consoliden y ocupen su conciencia, en el plano físico.

El entramado universal, es la fuente de unión de todas las almas del planeta y la fuerza de comunicación entre iguales, les amamos hermanos y hermanas, es un gozo, ver cómo se van atreviendo a restaurar su propia luz, en cada nuevo amanecer.

Se despide desde el gran Sol central Lady Rowena, su hermana en la luz y en el amor.

Gracias por compartir Elsa

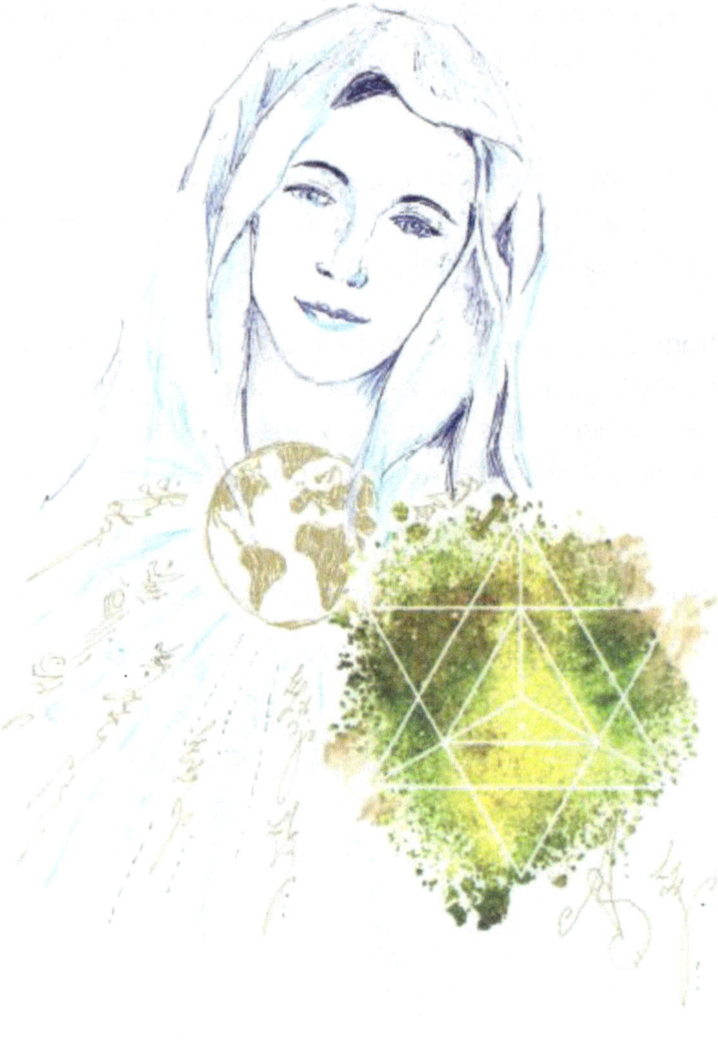

MÓDULOS DE TRABAJO

ENCUENTRO ENTRE MUJERES

"Los círculos de mujeres, vienen de épocas muy ancestrales; son un encuentro de mujeres, para mujeres. Siempre fueron así estas reuniones de hermandad, entre generaciones y culturas, que ayudan a que las mujeres se sientan seguras, y conducir a las mujeres un espacio seguro para conectarse, compartir y ello es lo que les ayuda a recordar y ordenar las cardas emocionales etc.."

Los círculos de mujeres son una reunión de mujeres, para mujeres. Desde un círculo sagrado en una traición a fregar juntas en la orilla del rio..

Nuestras madres, abuelas y hermanas ancestrales, se unieron a estas reuniones sagradas durante miles de años. Quizá nuestras ancestras más cercanas no pudieron, y lo sustituyeron por lo que debería ser un círculo de confianza (amistades donde no se compite y se puede ser vulnerable.

Algunas de nuestras ancestras femeninas eran excluidas de la familia incluso para cocinar, especialmente durante la menstruación. Lo que hizo que poco a poco en la historia de la humanidad, se escondieran en esos periodos y se protegieran unas a otras.

Tras las barbaries de la inquisición y las revueltas o invasiones constante, hasta las guerras mundiales, las mujeres seguían uniéndose para sostenerse, ante la perdida de hijos, hermanos y entrono y el miedo a sufrir atrocidades como mujer.

La mayor parte de la resistencia francesa la dirigieron mujeres, como mi bisabuela, que en Marsella se hacía pasar por colaboradora Nazi, mientras dirigía dos escuadrones de la resistencia, con escopetas etc.

Los círculos de mujeres como tal son un hermoso, sostén invisible de la estructura social, si están bien aspectados. Pero también son un profundo examen entre ellas, porque se tornan, un espejo gigante de miedos y proyecciones emocionales, que es su primera fase deberán trasformar, para no caer en las luchas de poder entre ellas, las jerarquías y servidumbre mal orientada.

Desde la practica más romántica, de las danzas al calor del fuego, a la más acertada, protegeré unas a otras o apoyarse, ara que cada una desarrolle su individualidad y el día de mañana ayude a desarrollar a otras....en una tela de hilos de luz que se expande e ilumina infinitamente.

 Si este trabajo con el libro es en sí un círculo de mujeres, invisible por el planeta, que nos pone en comunicación unas a otras....a través de las redes y del libro, para consolidarnos.

Cuando nos cuidamos a nosotras mismas, Honramos a nuestras antepasadas femeninas.

Se necesita coraje para salir del viejo ciclo de multitareas y milagros de super woman, de ser vista en la sociedad competitiva, no dormir, ser cuidadora de los mayorees o no. Ocuparse de la compra, mantener un trabajo, cocinar, estar disponible para nuestros hijos a toda hora, etc.....

A mí al menos el hacer siempre lo mismo choca profundamente con mi alma de artista, es más la apaga generando un conflicto interno, que tuve que afrontar y equilibrar, crear espacio para integrar, para conectarse consigo misma. Es lo más importante, si no queremos llegar al límite de la salud física o emocional.

Hay un punto de inflexión en la vida de toda mujer, especialmente las que viven en las grandes ciudades, que reciben un llamao a cuidarse, a buscar la sabiduría antigua, que le permita expandir su corazón y dejar atrás el camino del sufrimiento.

Una llamada a renacer en una nueva mujer que busca el amor, por y para sí misma.

Que elige, cuidar sus elecciones y decisiones, para construir su vida y de todo cuanto le rodea.

Dejando atrás la separación, y el defenderse constantemente, que comprende que algo no está bien en ella, y se integra en la búsqueda, de aquellas partes, que no recuerda, o no sabía que podían ser parde de su vida, pues en su clan de nacimiento no estaban.

Iniciando un camino personal de trasformación, cuyos procesos, tendrán altos y bajos, pero ya no las inmovilizarán más.

MÓDULO 1: RESTAURANDO LA PROPIA FEMINIDAD

Los tiempos actuales

como encontrar la propia voz

La importancia de reconocerse:

Es posible que a veces te sientas que no puedes tomar ni un descanso, y te cae una prueba tras otra. Especialmente en los últimos años, a todos.

Esta es la manera que tiene el universo de forzar los tiempos, para que al responder de forma inmediata tomes conciencia de como estas internamente, y de aplicar tus herramientas energéticas y emocionales en la práctica. Tomando conciencia en los momentos más duros de la gran fortaleza interior que posees.

Sanando la Herida

ENERGÍA FEMENINA

'DIVINA' Y 'HERIDA'

Si, aunque no lo parezca, el femenino en bloque es una conciencia; somos una alma única, una conciencia, y muchas gotas de agua dentro de ella, mujeres de todo el Mundo.

Y a veces no es todo tan dramático, es sólo eso, un grupo de almas heridas.

Cualquier mujer, yo la primera: anhela ser amada, pero a veces nos cojamos el camino equivocado, con rebeldía, separación, comparaciones etc....buscándolo.

Y nos lleva una y otra vez a caer en la sombra, y cuando aparece que levantamos cabeza, ella surge de nuevo, a nuestra vida espontáneamente.

A veces luchamos con nuestra propia sensibilidad y deseamos que nuestra naturaleza herida desaparezca mágicamente. Queremos racionalizar nuestras heridas y ordenarlas, sin sentirlas, sin vivirlas y cruzarlas, y nos enojamos cuando no desaparecen.

Solo cuando las cruzamos y miramos de frente, podemos fundirnos con el masculino interno, y es ahí donde surge toda la fuerza interior, de esa unidad, de la mujer que soy y el masculino que herede y está en mí, ahí es cuando todo se trasforma, cuando camino hacia mi dolor y lo armonizo, sin negar ninguna de las realidades que me rodean.

La herida de la vergüenza y

la soledad en el Femenino

No sabemos ni siquiera cuando o como empezó todo, en todas las familias hay frases, que yo las llamo voladoras. Que pasan de generación en generación, encarcelando en el miedo o paralizando a los miembros de una familia, a veces en la tiranía máxima. Cuando en realidad en su cabecita nos están protegiendo, del dolor de algo de alguna generación.

Pero ya no toca ni en el siglo ni condiciones donde está la nueva generación. Los miedos de una experiencia real, se convierten en una cárcel emocional.

Como mujeres, no podemos desarrollarnos, nos convertimos en una niña tiene mucha vergüenza en su interior, que se siente sucia e incompleta, no podemos estar a gusto con todas las partes de nuestro cuerpo, ni tenemos fuerza en nuestro carácter.

Como motivo de ese rechazo a sí misma, o bien por maltrato exterior o bien por inseguridad, al no reconocernos, buscaremos o nos conformaremos con la más mínima expresión de amabilidad, arrastrándonos por amor, donde no lo hay, en un bucle de confusión, que nos puede someter, o esclavizar, por no tener fuerza personal debido a la inseguridad.

Bucles que nos lleven a el agotamiento o la autodestrucción, al dolor y negación de nosotras mimas a tener acceso a mejor vida, o confiar en que podemos estudiar, ser mares etc., porque siempre buscaremos la validación fuera, al no reconocernos.

También nos puede llevar a salvar al masculino, recoger hombres rotos como nosotras, y no tener relaciones reales, porque estamos en curación ambos.

La energía de carga entre generaciones, no es algo de lo que debamos avergonzarnos, es algo que se trasmite por siglos, alguien se enamoró y le salió al, alguien perdió un bebe y había que esconderlo o no se casarían las otras mujeres, por miedo a la infertilidad de esa familia, alguien se fue y fue feliz y no se habla más de ello, porque despierta envidias etc.....pero queda en el no hagas, no digas, cuidado.....y la mayor parte de veces ni es culpa nuestra, ni de quien nos dicta la moral familiar, porque desconoce su origen, pero si llevamos la profunda carga en nosotras, vida tras vida.

La frecuencia del femenino cuando renace

Integración de los 9 meses de unidad en formar mi campo emocional.

Somos seres individuales y por otra parte somos campos de información, que vamos asumiendo por el impacto emocional, de lo que va viviendo la madre; es el vínculo con la madre y la transferencia con ella de sus vivencias de sus experiencias; las que van modificando directamente el proceso de su división celular, y de conformación de los distintos órganos, por eso hay personas que cuando nacen, ya traen una determinada patología enfermedad o problema en parte...

El propio desarrollo embrionario, hace que las personas tomemos conciencia del papel que va a vivir en su vida, y en ese papel que van a vivir en su vida van a desempeñar un rol dentro del sistema familiar, que ha escogido a ver si puede ser que en el último momento se arrepientan ...sobre todo aquellas personas que nacieron con el cordón, dándole vueltas en la garganta por ejemplo de acuerdo.

El ADN y los mecanismos bioquímicos no permitían que el bebé naciera, luego hay mucha serie de casuística, que ya cada persona lo va a vivenciar en el proceso que pueden favorecer nuestra vivencia en la en esta vida, hasta el día de hoy, o podrían ser factores que impedían que tuviéramos una vivencia totalmente fluida; por eso estos elementos que impiden estar en el aquí y en el ahora, quiero decir que yo viva el aquí y él ahora; tal cual es.

Tienen que ver con esos "virus informáticos" a nivel de ADN y ARN eso que hacen que antes de terminar situación se me active, ese bloqueo, sin los factores posteriores. Al estar en presencia, no hay otra, es el reseteo qué vamos a hacer hoy, esa puesta a punto en profundidad nos va a ayudar precisamente para podernos conectar con el estado de presencia aquí ahora, hoy, mañana, pasado ..... y el resto de los días de acuerdo porque va a ser un trabajo profundo. Despertara en nosotros las zonas dormidas, porque nunca hemos sido conscientes que las tenemos y ahora podemos recibirlas, yo lo que os invito es a vuestra receptividad en todo momento: a no juzgar ,a no valorar lo que os llegue... simplemente sentir que me he convertido en meros canales, qué vais a recibir vuestra propia información, que está en vosotros y vosotras, yo no voy a transferir nada simplemente os voy a ayudar para que en esa conexión con vosotros-vosotras mismas: recibáis esa información de acuerdo; ya después el filtro de la mente hace muchos tipos de jugadas ;pero lo importante es simplemente a recibir la información ya después valoraremos qué ocurre con cada tipo de información.

Ejercicio de Restauración del ADN, en los 9 meses

Ejercicio uno de meditación, recomendable grabar con tu propia voz.

Respiramos profundamente y vamos a pedir un rayo de luz dorada en el interior de nuestro chakra corazón, vamos a respirar y vamos a sentir como del universo baja una dorada que genera un infinito horizontal: en el interior de nuestro corazón.

La energía entra por el chacra corona encima de nuestras cabezas, baja por el colon, el 6 chacra, la garganta y se ilumina todo nuestro chacra corazón. Y la luz va girando sobre sí misma, formando un infinito de luz, que nos ira va gestionando esa frecuencia, esa unión con mi propio cuerpo a través de los átomos.

Y vamos respirando muy dulcemente, muy suavemente sintiendo como el infinito va procesando ese movimiento horizontal, de izquierda a derecha, cómo nos va unificado nuestro divino femenino y nuestro divino masculino.

Como a través de esa energía, se va uniendo en nosotros la capacidad de recibir toda la fuerza personal, de otros planos y de otras vidas, que también se encuentran en nuestro ADN, sentimos como el infinito además de jugar en horizontal, empiezo a girar ....como si fueran las aspas de un molino, empieza a girar sobre sí mismo, formando una esfera de luz dorada en nuestro corazón.

Sentimos como se unifica esa esfera y cómo se va haciendo más brillante cada vez, y desde ahí un espiral de luz va subiendo en vertical a través del chakra garganta, el sexto chakra, el chakra corona y el chakra Estrella del Alma un palmo 20 cm por encima de nuestra cabeza, y respiramos suavemente tres veces.

y al mismo tiempo sentimos como ese centro del corazón, se genera un segundo espiral hacia debajo, abriendo nuestro plexo solar nuestro, segundo chakra nuestro chakra base y de ahí al chakra estrella de Gaia: un palmo 20 cm por debajo de la planta de nuestros pies.

Respiramos suavemente y pedimos ahora que esta energía se

abra a través de nuestras células, e impregne todo nuestro cuerpo, en todas sus direcciones, de luz dorada que vaya alisando, unificando, armonizando toda la frecuencia de luz de nuestro campo físico; el cuerpo y también de nuestro alrededor.

Sintiendo como toda nuestra aura y todos nuestros cuerpos se llenan de luz dorada en tanto seguimos respirando profundamente tres veces. Y ahora le pedimos a madre Gaia un rayo de luz, una frecuencia cristalina que nos ayude a transformarnos mirando desde el interior de nuestro corazón unificado pedimos un rayo de luz turquesa: que puede ir desde el turquesa más claro, al verde más intenso, casi esmeralda que sube en vertical por este canal dorado, que nos une a ella.

Al respirar de nuevo, vemos como la energía se dirija al encuentro del corazón, generando en su interior nuevamente, otro pequeño infinito de color verde turquesa y seguimos respirando, sintiendo como esa luz, sigue subiendo en vertical, por todos nuestros chakras, al encuentro del chakra de la conciencia estelar, unos 70 cm por encima de nuestra cabeza y respiramos suavemente.

En tanto ahí se abre otro pequeño infinito una frecuencia de Amor y de Luz; que nos permite recibir toda la información de nuestro ser solar. Y sentimos como la luz va más allá de ese punto, y se conecta con el Sol Central de la galaxia unificándonos, cómo ser estelar, ser físico y ser de amor.

Respiramos muy suavemente de nuevo tres veces. Con los ojos cerrados sin mover el cuerpo en un estado plenamente receptivo, receptiva, poniendo nuestra atención en el hombro derecho.

Y observando a través del hombro derecho, podemos sentir percibir cómo coloca la mano nuestro padre, detrás de él en su hombro derecho, está la mano de su padre nuestro abuelo paterno. Y en el hombro izquierdo ,está la mano de su madre nuestra abuela paterna ,detrás de ellos están nuestros bisabuelos tatarabuelos y todos los demás miembros del sistema familiar, paterno hasta los orígenes ahora tomamos una suave inspiración y podemos sentir percibir o visualizar con una corriente de energía; que nace de los ancestros más antiguos va recorriendo a todos los miembros del sistema familiar ,hasta llegar a la mano de tu padre y a través de tu hombro derecho entra esa energía en tu cuerpo ; y se dirige directamente a tu pecho.

Respiramos y ahora en este momento prestas atención a tu hombro izquierdo: en él va a colocar la mano tu madre ,detrás de ella en su hombro derecho esta la mano de su padre: tu abuelo paterno; y en su hombro izquierdo la mano de su madre tu abuela materna detrás de ellos están tus bisabuelos ,tatarabuelos y todos los demás miembros de tu sistema familiar materno ; hasta sus orígenes ahora en este momento tomamos una suave inspiración y podemos sentir percibir o visualizar como una corriente de energía que nace de los más antiguos, va atravesando a todos los miembros del sistema familiar; hasta llegar a la mano de tu madre y a través de tu hombro izquierdo entra sinergia en tu cuerpo; y se fusiona en tu pecho con la energía del sistema paterno.

Sintiendo a tu lado, ahora en este momento con los ojos cerrados te imaginas que giras tu cabeza hacia atrás y los ves a todos ellos incluso a los que no has conocido; puedes verlo como puntos de luz.

En este momento inclinamos nuestra barbilla hacia nuestro pecho bajamos la barbilla, porque en este momento pedimos toda la ayuda de todo nuestro campo en nuestro sistema familiar ,de nuestros antepasados, para que nos puedan transferir toda la información que necesitamos, para liberarnos de aquellos bloqueos aquellos pensamientos, aquellas creencias o aquellos elementos que nos impiden a fecha de hoy estar totalmente libres ; y dispuestos o dispuestas para realizar nuestro plan de vida con un éxito ; y una armonía total y ahora tomamos una inspiración ; y colocamos de nuevo la cabeza la posición habitual y de nuevo con los ojos cerrados nos imaginamos que la cabeza; vuelve a girar al frente sintiendo todo el apoyo de nuestro sistema familiar detrás de nosotros .

Vamos a la energía en nuestro cuerpo del momento de la fecundación, pedimos sentir cuál fue esa energía justo en el: el óvulo es fecundado por el espermatozoide, o el canto del óvulo (ya que es una frecuencia, se ha demostrado científicamente). permitió que la vibración, el campo energético del espermatozoide.

Respiramos para conectar con este momento cuál era la vibración, ¿cuál era la emoción de este primer momento de vuestra vida aquí en la tierra y alguna información sin abrir los ojos? ,intentar escribirlas seguir conectados y conectadas en él; con ese embrión que fuimos cuando tuvimos un mes de vida podemos sentir en momento ,si tenéis al lado el móvil la grabadora; podéis grabar lo de voz a veces es una palabra a veces es un sonido a veces un mensaje sentir ese primer momento, qué vibración fue la que me posibilitó que yo comenzar a mi proceso de división celular ; aquí alguna información previa que yo traiga de otro lugar un mensaje emitido ,que yo ya sabía lo que venía a hacer ahora puedo captar ese mensaje en este momento.

Y a la vez también puedo sentir si en ese momento se ha generado, algún tipo de bloqueo algún tipo de carga, ¿si he tomado algo que no es netamente mío? y si es así en este momento inspiró en una luz blanca y brillante; le digo te devuelvo esto, es tuyo o de aquella persona, o experiencia que hayamos tomado esa información.

Respiramos y si, puede que de nuestra madre porque en ese momento tuvo mucho una experiencia traumática, o el rechazo, el miedo a que nosotros estuviéramos formándonos; en su vientre,

Le entregamos ese miedo esa vibración ese pensamiento negativo, a ella. A su responsabilidad si conectamos con nitidez con nuestro plan de vida, lo bendecimos.

Dejamos un tiempo respirando y si os llega alguna información concreta de ¿qué vinimos hacer aquí?, la podemos anotar, si nos vienen quiénes son nuestros ángeles, o guías que nos van a acompañar en esta vida exactamente.

Respiramos profundamente y sentimos: si en este momento dentro del vientre de nuestra madre hay alguien más conmigo; puedo preguntar si hay alguna persona desarrollándose al lado mío, a veces sucede, aunque la hora del parto solo nazca yo, y si esta junto a mí..... le pregunto ¿para qué ha venido conmigo? me permito recibir su información tú cuál era su cometido al iniciar la vida acompañándome, ya le hablo de que me diga, después lo despido con cariño amabilidad si fuese el caso.

Vuelvo la mirada sobre mí, sigo respirando y me concentro en sentirme.... estoy lleno de miedo, de dolor, rabia, de enfado, la noto y le pregunto a ese ser que se está gestando: si es suya o la ha tomado de alguien, o viene de otras experiencias vividas anteriormente en otras vidas; y su objetivo en esta era transmutar la fuerza, una lección de vida y me permito como un observador desapegado: una observadora desapegada, recibir la información.

Y ahora en este momento, tomamos una nueva inspiración, vamos dejando una pauta un espacio por si hay algo que tenga que apuntar algún mensaje, algún código, algún dibujo, algún color, alguna forma.

 Vuelvo a respirar conscientemente y a continuación invoco a ese ser que yo fui con 2 meses; un llamado a su amor, para conectarme directamente con su campo de energía, con su campo vibratorio, percibiendo, sintiendo, visualizando qué información necesito saber; ahora quién ese momento, se estuvo gestando y que de algún modo está bloqueando algo dentro de mí.

En estos momentos me permito sentir cualquier cosa, que me llegue visualizar o percibir si en ese momento hay alguna información concreta que yo necesito saber ahora, o me es útil para mi vida, le doy las gracias por aportarme la. Y la puedo registrar en un papel, la grabadora del móvil puedo recibir cualquier tipo de información incluso los miedos, las dudas, que podía tener sobre mí mismo; sobre mí misma, de continuar dentro del vientre de mi madre......

Son momentos de chequeo, es que iba a ser la familia adecuada la que había elegido para venir aquí a la tierra, esas dudas pueden surgir en este momento..... Observo, si en ese tiempo recibo algo de mi exterior, lo identifico, y le pongo nombre. Ahora lo puedo devolver cómo quién le entrega un paquete entre sus manos a esa otra persona, ahora te devuelvo esto es tuyo yo quedo libre de ti, y tú quedas libre de mí; tomamos en información, inspiramos suavemente.

Vamos dejando una pausa para poder anotar toda la información ,que me llegue incluso, si hay alguna sensación térmica en mi cuerpo; alguna sensación que pasa de frío a calor, fuera de lo normal; son elementos parar ir registrando a veces el rechazo de una madre al embarazo, el miedo no ser apoyada por la familia, por el padre, genera mucho frío; o incluso los intentos de aborto o de finalización por miedos ,también si se ha producido la inseminación a través de una vía artificial ,puedo sentir también ese frío y la emoción que lo acompaña.

Y ahora en este momento. tomamos una inspiración de nuevo, para conectar con el ser que fuimos el **embrión de los 3 meses**: *qué es una etapa importante.*

Y pedimos conectar con su vibración y su energía; si en este momento mi alma, mi esencia en conexión con mi yo superior, se planteaba algunas cuestiones necesarias que yo tenía que bajar aquí a la tierra: que tenía que hacer y vivir la experiencia.

O tal vez fue este un momento clave me puedo permitir sentirlo, visualizarlo, percibirlo sintiendo la profundidad de mi canal que va recibiendo esta información. Ahora en este momento, cualquier vibración energía o información que hayamos recibido de otras personas distinta de nosotros se las vamos devolviendo, sí fue el rechazo si fue mala vibración si fue alguna energía oscura si fue alguna mala intención. Ahora tengo la oportunidad de devolución.

En el embarazo se reciben muchas informaciones ajenas que perjudican y alteran nuestra propia evolución; el vector de nuestra vida se desplaza ya sea uno o varias personas, circunstancias vividas..... pueden ser miembros también del sistema familiar o amigos, o alguien que no esperaba fuera para vivir alguna experiencia. Pueden ser seres carnales o no carnales, pero en este momento con nuestra fuerza determinación y protección tenemos la capacidad de devolución soltando, recuperando el 100% de nuestra energía, sintiendo nuestro ADN y ARN ;todo el campo de nuestras células doradas en nuestra información primaria ,totalmente limpios ..ahora podemos visualizar este bebé de 3 meses, ese feto de 3 meses totalmente limpio de cabeza a pies, por pequeño que sea visualizarlo con una luz dorada que lo recorre de cabeza pies.

Es el Ser solar con todo el campo, de información limpios, que no recubra esa energía solar esa luz dorada, inspiramos suave y profundamente para que esté energía se expanda por todo su cuerpo, si es alguna forma la que impide completar esto le preguntamos qué información hay. Y que me tengo que desprender de ella y si proviene de alguien concreto, lo devolvemos, si sentimos que está incrustada en algún órgano, que se está desarrollando; con nuestra mano predominante, mentalmente nos imaginamos qué cogemos ese objeto, y lo lanzamos fuera de nuestro cuerpo inmediatamente nuestro cuerpo se reestructurará de nuevo.

Sellamos todo con luz dorada, respiramos, vamos dejando un espacio para anotar o grabar aquello que sea necesario en este momento, anotar para ser consciente de lo que sucedió en este momento de nuestra vida, esa información que fue vital e importante, me permito que eso que ocurrió, poderlo poner por escrito o del móvil grabarlo.

Y pedir al elemental de nuestro cuerpo, al Deva de nuestro cuerpo, a esa fuerza de la vida y de la naturaleza, que ya con 4 meses tiene una entidad y un poder, que me va a acompañar durante toda la vida ;cuál es la información que yo necesito tener de este momento de mi vida , si hay algo importante que poner en orden, si hay algo que necesito devolver o restaurar ,si hay alguna información de mis células, que necesito organizar.....pues no olvidemos que todo este proceso se hace con los ojos cerrados, concentrándonos en este momento de vida .

Inspirando, vamos recibiendo esta información, viviendo en todo momento al Deva de mi cuerpo, al elemental de mi cuerpo, cuáles son las claves en mi **proceso de 4 meses**.

Voy visualizando me como cojo con las manos esa campo de información, y recibo con ese paquete, quedándome con lo que construye; y devolviéndolo o lo entrego a esa persona se lo entrego. Sintiendo esa experiencia, a esa vivencia, si fue algo que me dio mi madre, si fue una situación externa, que a veces puede suceder como un terremoto, una catástrofe, un atentado una explosión, un viaje en barco que produjo una sensación de movimiento interno que me desequilibrio.

Puede ser cualquier elemento que me perturbe en estos 4 meses, mando esa inspiración profunda manteniendo los ojos cerrados y el control, en este momento permitiendo toda la información que estoy bajando, en este momento Sea para mi mayor bien, para desprenderme de esos campos que hoy en día me están perjudicando, causarme algún bloqueo, alguna limitación y ahora tomo una nueva inspiración.

Y al exhalar creo un espacio, un espacio dónde puedo notar cualquier información que me llegue en este momento, que sea necesario para mí en este momento de mi vida, si hay algún elemento que se forma o perjudica mi cuerpo en su proceso de desarrollo físico, psíquico, emocional o espiritual. Respiro de nuevo, conecto con el ser que fui distintos meses, con el campo vibratorio que tuve en ese momento de 5 meses.

Es precisamente con los seres de luz que se conectaba en el quinto mes conmigo, si eran ángeles ,eran guía, eran maestros ,eran entidades de luz ....que querían que yo resolviera, algún tema en este momento me puede llegar la información de mi determinación de como vine a este planeta ,sí fui voluntario- voluntaria ,si fue un tema kármico ,sí volví por algún motivo concreto al seno esta familia ,si mi papel, era restaurador de las energías divergentes ,o si traía algún proyecto para la humanidad ,aunque todavía no lo haya descubierto :es el momento de ser consciente ,¿quiénes me cuidaban energéticamente cuando estaba en el quinto mes?. ¿Quiénes eran mis guías y seres de luz, mis maestros, guardianes que acompañaban en mi evolución, en este momento?; ¿que las consecuencias de aquellas cosas que me podían perjudicar en este momento?, si en este momento tomé algo que no me pertenecía: porque provenía de otras personas, pido ahora ser consciente de ello y con ese acto de devolución; le voy devolviendo a cada persona es lo que tome en este momento. Volviendo al equilibrio.

Respiro, para ir recuperando mi energía y evolución, dejando libre todo mi cuerpo y mi plan de vida, si tome algún enfado, alguna frustración, algún miedo: les devuelvo cada uno, una de esas experiencias, a esas personas y con una sonrisa.

Consciente de mi voz, te puedo decir gracias: te lo devuelvo, es tuyo ahora yo quedo en paz; esto te pertenece a ti me desapego de cualquier sensación desagradable ,ya que lo único que estoy haciendo es volviendo a mí mismo- a mí misma; a mi estado de paz original ,a mi plan de vida original y todo aquello que ha ido interrumpiendo ese proceso en este momento, que estoy siendo consciente lo liberó y lo devuelvo ,si desconozco de dónde viene le pregunto a esa sensación, a esa emoción, a esa experiencia, a eso que estoy ahora: y a partir de ahí recupero el 100% de mi energía perdida o deteriorada .

Mis Campos mórficos de mi ADN, de mi estructura ósea, de mi estructura molecular, de mis órganos, de mi campo emocional físico espiritual. Ahora tomo una inspiración y vuelvo a abrir ese campo, dejando ese campo de tranquilidad, de sosiego: y al exhalar puedo notar toda aquella información que necesite registrar en este momento, cómo fuente importante para mi vida, ahora sí todavía tengo que devolverle algo a alguien aprovecho este momento para devolvérselo, sea lo que sea sentir que cuando hago esta devolución me lleno de energía y mi cuerpo se queda más ligero, más ligera. Tomo una nueva inspiración; y si pido ahora en la conexión con mi sexto mes de vida

 Con el campo vibracional del sexto mes de vida, permitiéndome sentir en todo momento cualquier cosa que me perturbe, que me saque de mi centro; es un mes crucial es el paso al desarrollo de lo que tomo de la vida, es un paso para sobrevivir, si en este momento siento algún dolor en alguna parte de mi cuerpo una punzada, una presión, focalizó en ese lugar y observo que es:......... están colocando un implante es un tornillo, una chapa, una aguja, qué es aquí de nuevo con los ojos cerrados y toda la percepción en ese lugar

Me imagino que es traigo esos objetos de mi cuerpo de una forma rápida ,con rapidez como si tuviera unas pinzas que pueden atravesar mi cuerpo , mis dedos, y mentalmente saco esos objetos, que pueden suponer algún tipo de bloqueo en el desarrollo de mi energía kundalini ,de mi energía vital, de mi proyecto de vida, es un momento muy importante de me mi gestación, vídeo de si en este momento percibo o algún tipo de energía de emoción ,de bloqueo ,puedo preguntar de quién proviene y realizamos la devolución, si se saltan las lágrimas .

Dejo que salga todo lo que está dentro, está saliendo, estoy liberando a mi cuerpo ,viendo todo eso que me impide ser yo mismo- yo misma, ahora estamos conectando con los seis meses de vida un momento crucial cualquier sensación negativa dolor, presión, implante, y lo saco y lo devuelvo cualquier sensación desagradable de dolor o de tensión ;ahora lo devuelvo... Activa sintiendo, los ojos cerrados en todo momento ,eso que me está ocurriendo esa información... que me está llegando en este momento, puedo percibir con más nitidez a esos seres de luz que me están acompañando ,en este proceso intrauterino ,a esos elementales de la placenta ,el cordón umbilical ,a esos que me están ayudando construir mi proyecto de vida; y ahora de nuevo tomamos una inspiración y al exhalar dejamos un espacio para poder anotar esa información ,que a mí ahora me puede ayudar en este momento ,al expirar dejo que cualquier cosa que no sea mía ,la devuelvo de una manera consciente y conectada, conectado ..

Inspiramos de nuevo, en **el mes 7**: *momento crucial porque*

muchas personas a partir de este momento pueden nacer con un alto índice test probabilidad de vivir; y aquí ahora necesitamos conectar con el acelere de nuestro propio proceso evolutivo a nivel físico, a nivel anímico, a nivel psicológico y a nivel espiritual.

Este séptimo mes es un mes muy importante, los seres que nos acompañan y que nos guían fuera de nuestro cuerpo se hace más patente nosotros -en nosotras. Y las sensaciones dolores o bloqueos, podemos notar los con más nitidez; la fuerza hacia la vida, nuestro proyecto de vida que va a comenzar dentro de poco hacer vivido fuera el vientre, de nuestra madre, se está preparando; estamos más cerca de salir y la ayuda de esos seres que nos están acompañando nos están dando la pauta.

Ahora conecta si hay algún bloqueo: alguna energía mal avenida algún elemento herencia familiar que modifique la estructura física, la estructura celular, los campos de información de la subdivisión celular, nuestra experiencia de vida hay algo en este momento que esté impidiendo nuestro desarrollo al 100%, pues pregunto de dónde viene y como si fuese un paquete lo devuelvo a ese origen, al lugar de donde vino.

Respiro y devuelvo está interferencia sea de donde sea, con la seguridad 100%, inspirar recupero toda mi energía, todo mi proyecto de vida..... centrándome en mí.

Es el momento para el desarrollo potencial de mi ser, ahora es el momento ,si le tengo que devolver algo a alguien ahora se lo devuelvo, si tengo que limpiar mi ADN porque hay alguna interferencia, algún bloqueo ,en este momento, sé que quiero expandir mi cuerpo ,ahora los filtros, como si fuera con un colador, recogiendo todas las memorias de mi sangre y filtrando lo apartando de mí es elemento , se lo devuelvo de donde venga, si es de algún ancestro de algún antepasado o de todos los miembros del sistema, se lo devuelvo en este momento; por qué mi plan de vida viene a ser único aunque provenga de ellos y ahora como una inspiración de nuevo, conectando con ese espacio dónde puedo anotarlo, cualquier información que yo pueda resetear de poner en orden .

Tomando una inspiración suave y profundo puedo sentir como todo el bebé de 7 meses se llena de una energía verde esmeralda verde brillante; verde sanadora, como cualquier elemento que haya en el cuerpo, queda limpia, el estado de salud plena es totalmente eliminado; quedando todo el cuerpo completamente en estado de equilibrio y salud. Y si hay alguna zona en ese cuerpo de 7 meses que no quede completamente cubierta de esta energía verde brillante esmeralda, inspiramos y nos imaginamos que con nuestras manos que se convierten en unas pinzas, potentes ,fuertes ,extra en el elemento que esté en esa zona de nuestro cuerpo puede ser en algún órgano puede ser una parte concreta, puede ser dentro de algún hueso ,en algún músculo y hacemos un movimiento rápido a nivel mental ,extrayendo eso que impide que nuestro cuerpo queda cubierto de esta energía sanadora ,todo el cuerpo cubierto de esta energía sanadora, una vez que veamos todo nuestro cuerpo cubierto de esta energía verde brillante de salud y equilibrio; tomamos una nueva inspiración abriéndose espacio qué tranquilidad, de sosiego ,para poder anotar si hay alguna información que necesite ahora mi vida actual, para este momento y a continuación tomando una inspiración, entramos en el campo cuántico en el campo **energético de los 8 meses .**

Percibiéndose, teniendo cualquier sensación interna y de algún modo puede a percibirlo como un bloqueo ,como un impedimento de todo mi potencial ,de toda mi fuerza en todo mi proyecto de vida, si he tomado algo de alguien, o de alguna experiencia y desconozco su origen, lo pregunto y le devuelvo a esas personas o entidades, este sintiendo ahora la conexión con mis guías, con mis maestros, con mis ángeles, con los seres de luz que se están preparando para recibirme en este plano de vida, sintiendo esa fuerza y seguridad, que voy a querer no y la determinación y claridad mental : de qué es lo que he venido a hacer .

Y si hay alguna información o perturbación externa, la localizo en qué parte de mi cuerpo está, y al exhalar la devuelvo al destinatario o destinataria, del origen de este bloqueo; y ahora como una inspiración profunda. Y al exhalar creo un espacio un espacio dónde puedo recoger todo lo importante para mí del octavo mes de gestación; si hay algún elemento de bloqueo, de impedimento, de mi plan de vida, de mi proyecto, de vida, ya puede ser a nivel físico, orgánico, biológico, químico, intracelular en algún órgano concreto o resquicio interior lo localizo.

Inspiró de nuevo y al exhalar creo es espacio dónde llamo a **ese ser que fui con 9 meses:**

Ahora el estado de vida diferente, sintiendo esa energía azul, azul blanquecina brillante que me rodea completamente, todo es azul plasma todo es energía de protección, si noto algún punto, algún lugar, alguna zona de mi cuerpo que no esté cubierta por esta energía azul plasma, al exhalar a nivel mental, usando mis dedos como unas pinzas y extraigo ese elemento, es implante el bloqueo, de ese lugar para que la luz plasma azul, lo rodee completamente todo mi cuerpo.

Y si percibo algún tipo de burbuja algún tipo de elemento emocional, le pregunto cuál es su origen y le devuelvo esa burbuja en forma de paquete, a quién me lo mando, a quién permitió que yo lo asumiera, quedando en estado de tranquilidad y de calma.

Si en este momento se producen episodios donde mi cuerpo entro en estrés excesivo, entro en miedo al nacer, entro en negación de mí mismo -de mí misma, lo que me espera es muy fuerte, lo que me espera creo que no voy a poder enfrentarme con ello, o estos padres que elegidos no van a estar a la altura, o está carga esta vida va a ser una carga para mí de mucho peso ,quiero quitarme del medio ¡!!; soy consciente nivel mental y me imagino que me des deshago de esos nudos; de esos impedimentos ,suelto todos los miedos que aparezcan en este momento a nacer, de forma vaginal ,aunque mi vida actual haya nacido por otro sistema ,me voy a permitir en este momento que toda la energía que me rodea plasma azul ,se va activar como un gran potencial llenando todo mi cuerpo ,dilatando todo el cuerpo de mi madre aquí ayudándome a salir a través del canal del parto.

Como si estuviera en un gran tobogán ,apuntando las cabezas brazos y con fuerza y vitalidad limpiando cualquier información del miedo ,de bloqueo que tenga justo antes del momento de nacer, reseteo todo mi cuerpo y todo el impulso de esa energía azul plasma, que me rodea y me va ayudar como un gran lubricante, a salir dentro de este cuerpo y como que eso energía azul plasmaba aumentando de calor y temperatura, baby lanzándose a ese canal del parto ,que cada vez se hace más y más grande, más y más grande ,más y más grande ;y justo en este momento, desde dentro me lanzo, que me estaban esperando ,en este momento desde mi chacra corazón, puedo sentir está vibración de la inspiración, y de vibrar con esa energía de amor ,siento como me acogen, siento la felicidad; si están mis guías ,y maestros, los elementales, Los Ángeles ,incluso ver un gran coro escenas brillantes ,luminosos, dándonos la posibilidad de tener un éxito total con nuestro plan individual de vida.

Y ahora podemos sentir el agradecimiento de este momento y la aceptación de que ya estamos aquí de nuevo, totalmente energético, reseteados -reseteadas, limpios_ limpias, brillantes y ahora le pedimos al ser que somos actualmente volver de nuevo a un estado de conciencia actual, al aquí y al ahora, al momento presente, colocando los pies en el suelo.

E incluso podemos apretar ligeramente la planta del pie ,estirando los dedos del pie ,levantando suavemente los talones, balanceando la planta del pie ,muy suavemente podemos estirar los dedos las piernas ,mirando un momento la rodilla y sintiendo como una luz blanca del núcleo de Gaia : que viene a refrescar todos y cada uno de nuestros tejidos a medida que respiramos, en tanto volvemos al físico y alinear todos aquellos huecos que han dejado la información que hemos devuelto , para equilibrar todos nuestros tejidos físicos, electromagnéticos y energéticos ,para que queden en equilibrio para que la rejilla celular de nuestra memoria de ADN, pueda fluir rítmicamente para que sea reemplazados, los huecos por luz blanca, salud blanca que nos ayuda a transformarnos a través de la conciencia; íbamos respirando moviendo las muñecas girándolas ,rotando las estirando los dedos de las manos abriendo los cerrando los podemos rotar los codos sintiendo como nuestros brazos se van estirando

,podemos rotar los hombros sintiendo la parte superior de nuestro cuerpo suavemente podemos girar el cuello, hacia un lado y hacia el otro muy suavemente cada uno y cada una a su ritmo puedes suavemente ir abriendo los ojos muy suavemente.

La Unidad en el cuerpo físico:

Es tiempo de conocer los regalos que nos aportan las características del femenino y el masculino en nuestro interior. La frecuencia femenina nos abre a muchos herramientas, pero especialmente:

El manejo de las emociones: cuanto más lo sentimos, es porque está muy activo, nuestro femenino y la vulnerabilidad, uno de los mayores regalos para poder crear cosas nuevas sobre aquello que sentimos.

La capacidad de compartir un femenino bien espectador disfruta dando a los demás para que comiencen su camino. Disfruta despertando la luz en otras personas o su fuerza de vivir un femenino viene despertado jamás compite.

Cuando la frecuencia femenina se siente impotente o no puede crear, pueden producirse vacíos de alma que nos arrastre y nos lleven al auto Maltrato, guay llenarnos de cualquier tipo de acción, porque no nos creemos merecedores de amor y lo compramos a cualquier precio.

La capacidad de fluir con los cambios.

Cuando una mujer ordena toda la frecuencia, masculinas interior en equilibrio con el femenino, nacen en ella sus mejores potenciales Le es muy fácil ser constante en sus actividades, sus objetivos y concentrarse en lo suficiente para mantener el foco a lo que realmente es importante para construirse ella misma

Deja de temer el éxito, pues el masculino le da la fuerza de conseguir y conseguir esa estabilidad. Si a eso le sumamos el femenino de compartir, puede ser una líder natural emocional que levante a muchas personas.

Hablábamos antes de los vacíos emocionales que se producen a veces, sin un motivo aparente.

Cuando la energía masculina está bien espetada, sabemos poner límites y reconocer nuestra entrega o responsabilidades, por lo tanto, no se producen abusos y no caemos en ese vacío, ya sean abusos exteriores o abusos propios sobre nosotras mismas.

La presencia no se es muy fácil porque tenemos el pilar llamarnos a nosotras mismas y nos ayuda en los momentos difíciles y también cuando en la vida nos trae instantes de afrontar la muerte, la enfermedad o de mucha intensidad emocional.

Nos es muy fácil reconocer el propósito de cada una de las cosas que queremos alcanzar, porque la masculinidad nos da una objetividad y eso nos ayuda a poner estructura a la creatividad femenina y por lo tanto, es muy difícil que tengamos pérdidas en los procesos de transformación o los de construir algo nuevo, ya que vemos claramente la dirección Por la que conseguir gradualmente cada uno de los objetivos.

Tanto si es un propósito de transformación emocional, como si se trata de un proyecto de vida.

PRÁCTICAS MODULO 1

Módulo 1. 1.1.- Primera reflexión

El amor propio hace referencia a un estado en el que las personas se sienten bien consigo mismas y en todos los sentidos.

El amor propio combina una serie de cuestiones como:

- La aceptación
- Las propias percepciones
- El respeto por uno mismo
- El valor que nos damos
- Los pensamientos positivos

Cómo nos observamos en los diferentes ámbitos de nuestras vidas.

En pocas palabras el amor propio nos habla de cuanto nos queremos a nosotros mismos, con nuestras virtudes y defectos. Este amor depende, exclusivamente, de nosotros mismos y no de las personas y los contextos que nos rodean.

La primera parte del trabajo de hoy es reflexionar sobre este pequeño texto, respondiéndoos muy sinceramente a una sola pregunta:

¿Estoy actualmente ausente de darme ese respeto y ese espacio, o estoy consciente de que debería dármelo?

Y dentro de esa pregunta:

¿Estoy ausente porque se me ha desbordado la vida, o estoy ausente porque me he convertido en un ser apático que sobrevive, o simplemente estoy ausente porque estoy tan agotada que ya no confío en que pueda merecerme ese espacio?

Todos los ejercicios que haremos diariamente, esas preguntas para el diario están encadenadas y van a ser un trabajo progresivo durante estos meses. Pero lo más importante es observar, sin juzgarme, desde donde estoy viviendo, desde la respuesta, la reivindicación, el enojo, el olvidarme de mi, consciente o inconscientemente, o simplemente un vacío energético porque han sido muchos años y muchas vidas de lucha.

Observad los últimos años y escribíos a vosotras mismas una carta pequeña o grande, según sintáis, sobre este trabajo, con respecto a cómo cuido de mí misma.

Módulo 1. 1.2.- Segunda reflexión

Las mujeres nos vemos en la obligación de cumplir con el rol de luchadoras y salvadoras, o solucionadoras, que nos impone la sociedad, impidiendo que nos permitamos sanar lo que nos dañó.

Las mujeres tenemos que enfrentarnos a gran cantidad de injusticias y de dolor gratuito, simplemente por el hecho de ser mujeres. Llegamos a aspirar tal cantidad de emociones negativas que hacemos nuestro el dolor, dejando que forme parte de nuestro día a día, de nuestra vida y de nuestro yo más profundo.

Es por esta razón que es conveniente que le demos un toque a nuestro corazón para que se resienta y así conseguir sanar lo que no nos hemos permitido eliminar.

El trabajo de hoy es el trabajo de rescatar la parte que existe en nosotras y no queremos ver. Podríamos decir que, a veces, nos reconocemos en el espejo y sabemos que algo duele, pero lo llevamos tan adentro, que nos hemos acostumbrado a ello. Hoy, como si fuéramos un observador, podríamos escribir un pequeño texto, o una carta a la vida, sin ser en primera persona, sino explicando:

"Hoy, o tal día, no tuve un buen día, y ese no buen día me dejó agotada, paralizada, haciendo que la vida pese más, o que hubiera ahora una tristeza, sin explicación, por ese día que estaba pendiente".

Hoy es un buen día, día 22.1.22, portal, para dejar atrás aquello que nos paraliza. Para dejar a nuestra alma buscar ese dolor, en el que no queremos pensar, y decirle adiós.

Una pequeña nota que diga:

"A veces soy una mujer que necesita ser brillante, necesito hablar de mi corazón y ser, al mismo tiempo, alguien que se escucha a sí misma. Es tiempo de recordar que ese día estaba agotada, por hacer ver que no pasaba nada, y que ahora, al escribirlo y ponerle nombre, va a ser un bálsamo de liberación, que va a bajar mi ansiedad y me va a permitir cruzar la puerta, con muchísima fuerza y alegría, para tomar en adelante una nueva forma de caminar, y con esa forma darme el espacio necesario para reconocer que hay cosas que me agotan, y que soy capaz de ponerles voz para alejarlas de mí, y además puedo cerrar una cicatriz, que lleva demasiado tiempo abierta, y que quiero ya que se borre de mi corazón, para entrar en la hermandad de una mujer sanada, es tiempo de ponerle voz a ese cansancio postergado y despedirlo".

Esa es nuestra reflexión de hoy.

Módulo 1. 1.3.- Tercera reflexión

Cada uno está en su lugar y en su sitio perfecto.

Arcángel Gabriel

Esta es la reflexión de hoy, el trabajo con el descanso de ayer:

¿Cómo te sentiste cuando viste que no había ejercicio? ¿Somos capaces de parar para integrar? ¿Nos sentimos realmente en alguna forma culpables de la no actividad?

El amor propio empieza también por el cuidado del cuerpo físico. Cuando uno ha movido emocionalmente muchas energías, darse un espacio de no acción ayuda a instegrar el propio ser.

A veces, lo que se espera de mí no me permite esa no acción, ante ello estaría bien escribir unas palabras, sobre si realmente soy libre de no hacer nada en algún momento de mi vida.

Si no lo soy:

¿Ante quién siente mi niña interior que debe responder, mi propia autoexigencia, mamá y papá, lo que se espera de mí?

Módulo 1. 1.4.- Cuarta reflexión

Muchas personas tienen dificultades en poder reconocer su

propio mapa interior. Esas personas han tenido logros pequeños y aprendizajes muy grandes, han dejado atrás la ley de la atracción, para pasar a la ley de la acción.

Como seguimos buscando aquello que ha hecho que no pasáramos justamente a esa acción, después de haber descansado un día y de plantearnos como nos sentimos ante la no acción, es el tiempo de tener una pequeña reflexión sobre lo que es para ti la calidad de vida.

Realmente todos somos seres sociales por naturaleza y estamos enlazados unos con otros. Necesitamos vivir en comunidad y sentirnos queridos, para sobrevivir; pero estos días nos dimos cuenta de que, algunos de nosotros, no nos hemos incluido a nosotros mismos en ese mapa de vida.

Ahora es un buen momento para preguntarle a nuestro niño interior:

¿Qué deseas en tus relaciones, para tener una fuente clara de plenitud, cuando estés hablando, riendo, jugando o simplemente el silencio, al lado de alguien que tú misma pusiste en tu vida?

Módulo 1. 1.5.- Quinta reflexión

No eres una víctima, el abuso le ocurre a todo el mundo y más de una vez en su vida. Era parte del sistema de ruptura emocional de la dualidad del planeta, para anular al ser humano que se apartará de su propia luz...

Ahora con mayor amor en la superficie del planeta y más conciencia, el abuso se hace más presente que nunca, es casi una carrera de obstáculos diaria:

¿Ante ello, como nos sentimos?

¿Agotada, enojada, nos da la risa, o aún resuena con lo que me impactó más en mi vida, al ver que el amor no era gratis, que tenía que ser como se esperaba, para que mi clan me aceptase?

Ahora estoy yo frente a mí, yo junto a mí, y si soy sincera y hago una lista de 3 abusos, los que más me hirieron, y de quién venían, puedo verlo desde otro lugar, porque fui capaz de levantarme, de caminar con la cicatriz, pero caminando por mí misma.

Si hubo abuso en mi familia, y me cogió en medio de una cadena larga de abusos, y me impactó, ahora soy capaz de verlo sin juicio. Voy a mirar, con mucho cuidado, una, dos o tres escenas de abuso sobre mí, y no voy a volver a mi herida, sólo me voy a preguntar:

¿El abuso en el planeta es ancestral, la violencia en el planeta es ancestral y sigue aún hoy en día?

¿Qué tengo yo de diferente respecto a ellos, qué me hizo tan vulnerable?

¿Qué signifique yo en ese escenario?

¿Qué hay en mi corazón, que me impide seguir dañando a otros?

Si soy capaz de reconocer esa parte de mí, seré capaz de entender una valiosa joya que hay en mi compromiso con Gaia, la diferencia entre dejarme llevar por la cadena de abusos y mi sensibilidad, esta es la pregunta de hoy:

¿Qué vine a traer, como perla de luz dorada, a la feminidad?

Os invito a contestar las 4 preguntas.

Módulo 1. 1.6.- Sexta reflexión

¡Vamos a repasar la relación con el masculino de más peso en nuestra vida, Papá!!!

Solo vamos a mirarle desde lejos, quizás hoy podamos tomar conciencia de su verdadero rostro:

¿Alguna vez le oí dar ánimos a alguien, para que siguiera su camino?

¿Era un hombre con un estilo propio de vida, o realizaba lo que se le pidió?,

¿O tal vez trabajaba para salir de donde nació, y por ello estaba ausente de mis día a día, o mis diálogos?

¿Tenía alguna adicción, después se volvía irascible al entrar en su realidad, o sea en casa?

¿Invito alguna vez a alguien a cambiar, para ser libre o feliz?

Seamos sinceros con estas respuestas, no lo que hizo conmigo sino con todos. Después escribamos a nuestra niña interior, respecto a lo que acabamos de tomar consciencia.

Papá estaba aprisionado en una vida, no me hizo algo a mí, sino que se lo hizo a él mismo y a los demás. Él hablaba el lenguaje del desamor, si eso es lo que entendiste de las respuestas. Él no te decepcionó, ni fue a por ti, él vivía un camino de olvido de sí mismo. En ese mismo camino estás tú, postergándote o permitiendo los abusos, porque es la ausencia de tu primer masculino, lo que debilitó la aceptación o lucha en ti.

Si, por el contrario, papá hizo esas cosas en positivo, habrá que agradecerlo y ver quién tenía el rol del masculino activo en el clan, quizá era mamá, mañana lo sabremos.

Módulo 1. 1.7.- Séptima reflexión

Sí, hoy vuelvo la mirada a mamá, y la observo atentamente, como si no la conociera de nada, y no tuviera ningún vínculo emocional con ella.

¿Cómo es esa mujer hacia ella misma?

¿Es un ser delicado, que se atiende y se da espacio para cuidarse?

No voy a mirar cuántos hijos tenía, si tenía dinero o no, si estaba sola o con parejas, voy a mirar cómo actúa ella en su día a día. Cómo actuaba cuando yo era pequeña.

¿Era tan exigente con ella, como lo era conmigo?

¿Su ritmo de vida comprendía ocho horas de trabajo, ocho de descanso y ocho para divertirse, o había perdido totalmente el control del tiempo?

¿Puedo recordar si comía sentada en la mesa, comía conmigo, comía antes, comía después...?

¿Disponía de algún apoyo femenino, tenía a su madre cerca?

¿era un apoyo, o era alguien a quien temer?

Quizá había otra mujer a quien rendir cuentas de sus acciones, aunque yo de niña no me diera cuenta. Si ahora observo como se relacionaba ella con su madre y su suegra, quizá pueda comprenderlo.

Hoy soy una antropóloga, miro mi lado femenino de la familia como una observadora, y apunto como se trataba mamá a ella misma.

Después miro si alguna de las cosas que ella hacía, me las hizo a mí, o si me llevó al extremo máximo, para que yo no repitiera lo que ella no pudo hacer, o hizo sobre sí misma. En todo caso, mamá es mi relación con los tiempos, la nutrición, el descanso, el placer y la abundancia.

Como ella se trataba, me sigo tratando yo.

Este es nuestro trabajo de reflexión para hoy y mañana.

Módulo 1. 1.8.- Octava Reflexión

Tras un descanso de alma, para integrar las energías entrantes, hoy es un buen día para mirar de nuevo, la energía de mi corazón.

¿Ante todo lo que anoté estos días, como se siente mi cuerpo, distendido, agotado, más liviano o más enojado?

Tras comprender que todo lo que me diferencia de mi clan es importante para el cambio en la tierra y en mi alma, y que aporta a mis ancestros justo lo que ellos temen o perdieron:

¿Cómo se siente mi corazón en realidad?

Si me miro al espejo, ¿cómo veo mis ojos, están con brillo o están agotados?

Es tiempo de inventario personal, hoy voy a escuchar mi cuerpo y sentirme a mí misma, hoy amo ser yo.

Módulo 1. 1.9.- Novena reflexión

Descubrir la neutralidad ante un hecho surge después de explorar tus propias dimensiones, es decir desde dónde crees vivir lo que estás viviendo.

Proyecciones de mí en otras personas.

Entregar mi vida para tener amor a cambio.

Tener vacío el pozo de las culpas, para que nada pueda agarrarse a él.

Todo ello es lo que construye el coraje de ser uno mismo y permanecer atento cuando todo se desborda, no ir física o energéticamente. Lo que tengo que afrontar es estar en presencia.

La reflexión de hoy es justo cerrar un proceso que dejará atrás tus propias mentiras, de no entrar en ira y de no tener que responder.

Si hoy, día de luna, hoy día de preportal, pudieras soltar planes, expectativas y control:

¿Qué soltarías en ti, que aún a veces te hace sentir mal, cuando te das cuenta de que lo has hecho otra vez?

Módulo 1. 1.10.- Décima reflexión

Si retomamos la respiración y dedicamos unos minutos a llenarnos de luz azul, desde el núcleo de la Tierra, podremos sentir y unificarnos con el latido universal en el cuerpo físico.

Solo dedicarnos un tiempo a respirar y a integrar ese latido universal en mí, con las manos en la cintura a la altura del plexo solar, voy a poner la intención y el foco en que la energía de la madre Tierra cree una esfera de luz en el interior de mi plexo. Voy a pedirle a mi Yo Superior un rayo de luz dorada, que descienda al encuentro de esa bola de luz, en el interior de mi tercer chakra, Respiro suavemente varias veces y voy dejando crecer esa esfera en mi interior, la íntegro y la siento, y observo si puede crecer o choca con algo.

Me dejo sentir y sigo respirando. Vuelvo a identificar si la luz puede crecer en mi interior, a la altura del plexo solar, o si hay algo que la limita. Y le pregunto a mi cuerpo:

¿Cómo se llama ese implante, ese apego, ese límite?

Respiro profundamente y recibo la primera palabra que llegue a mí, tal vez un miedo, una persona, un hábito, una actitud... Al respirar profundamente, identifico si hay algo en mi plexo.

Si no lo hay, escribo una nota en mi diario dando las gracias por haber cerrado la entrada de energía exterior en mi día a día, dándome las gracias por todo el camino recorrido.

Si lo hay, si lo he encontrado, me pregunto a mí misma:

¿Cómo alimento todavía esa situación?

También me doy las gracias por haberme dado cuenta de ello, y simplemente narro lo que encuentro, para leerlo mañana con calma y sentir la mejor forma de disolverlo.

De la fuerza y el amor que soy por mí misma.

Módulo 1. 1.11.- Undécima reflexión

El Tarjut, que es la Torah hebrea en lengua arcaica, marca los círculos de mujeres como un lugar en el que cada persona puede expresar su propia voz. En esa traducción del hebreo arcaico se explica, curiosamente, que lo que hace de bien una mujer, aumenta la fuerza de toda la comunidad.

Os pongo un ejemplo de 4000 años antes de Cristo. Entonces no se concebía la separación entre los colectivos o las tribus. Era crucial para el conocimiento de todo el plano social.

Ahora es el momento para poder reflexionar, sobre aquello que he sido capaz de aportar a mi comunidad.

Si miramos atrás en el tiempo, sin duda hay algunas cosas que he aportado a mi familia, a mi trabajo y a mis amistades. Os invito a hacer una lista de diez cosas positivas que han nacido a través de mí, junto a los demás.

Diez cosas buenas que he vivido en unión a esa comunidad.

Módulo 1. 1.12.- Duodécima reflexión

Cuando me hablo bien, uso la magia blanca, cuando me hablo mal, me hago magia negra.

El mayor aprendizaje es reconocer como me hablo; reconocer si lo hago en primera persona o en segunda, y hablo de mi como si hablara de un tercero. Si le habláramos así a otro, le dañaríamos, lo tomaría incluso como algo personal.

¿Porque no soy capaz de tratarme a mí mismo con amor?

Igual creo que avancé mucho estos días de reflexión, y estos años de trabajo y búsqueda de mí misma, pero aun, quizá hasta día de hoy, mi forma de hablar es mi forma de reforzarme o insultarme.

Ahora hoy, aquí, en presencia, elijo poner atención a mis palabras, tanto las habladas, como las pensadas, porque desde que nos levantamos, todo el día hablamos mentalmente, y eso genera una frecuencia y dicha frecuencia es la forma en que vibro.

Puede ser un acuerdo de alma, que tomé de otros, o de un hecho, incluso de un trauma, pero a día de hoy, es importante que haga un nuevo acuerdo, conmigo misma, cuidarme cuando hablo de mí.

La tarea de estos días es observar, realmente, como me hablo a diario.

Como son esas palabras, amables, expansivas, agotadoras, exigentes, ira. Como me expreso, es como me siento.

Módulo 1. 1.13.- Decimotercera reflexión

Incluso detrás de las mayores rejas, el sol sigue brillando.

Nosotras hemos sido grandes constructores de paredes, muros, rejas y miedos, que han intentado apagar nuestra propia luz.

Sin duda alguna, todos creados para protegernos del dolor y el sufrimiento, y algunas heredadas del linaje femenino, para protegernos del abandono y el rechazo.

El trabajo de hoy sería meditar con el corazón o con la niña interior, y tomar conciencia a través de la respiración, de si puedo expandir la luz de mi corazón, o si aun cuando lo hago imaginando que mi sol crece, me envuelve, se hace brillante y se hace visible, cuál es el primer temor que llega a mi cabeza.

¿Cómo se llama mi mayor muralla, aquello que creo que los demás no saben de mí, y que siempre me hace sentir inferior, débil o vulnerable?

Módulo 1. 1.14. Decimocuarta reflexión

Iniciamos un nuevo camino, es tiempo de anclar la propia voz.

Llevamos unos días mirando la herida, o lo que sentíamos como nuestro y que nos marcó más de lo que creíamos.

Ahora vamos a mirar nuestro primer chacra. Hoy tenemos de cero a siete años, y puede que ya hayamos tomado muchas decisiones, que están formando nuestras formas de ver la vida.

Vamos a respirar muy suavemente, y conectar con la niña interior. Tras varias respiraciones, le vamos a preguntar, si recuerda a que solía jugar con más frecuencia, no importa si es un juguete, un palo de madera, si era con niñas de la calle, o imaginar que su vida no era como era.

Vamos a intentar hacer memoria de un juego o juguete, con el que volaba nuestra imaginación, con el que todo era sencillo, aunque gritaran en casa, no estuvieran o no se fijaran en mí, o tal vez sí estaban conmigo y compartíamos ese juego o juguete.

Le pedimos a nuestra niña que recuerde:

¿Qué tenía de especial ese juego o juguete, que es lo que más le gustaba de él?

¿Era fácil tener esos ratos de juego o había demasiadas responsabilidades, tal vez algún hermanito que cuidar, un papá o mamá que vigilar, miedos, o algo que nos lo dificultara?

Pero, sobre todo, vamos a describir, en 10 líneas:

¿Por qué nos gustaba jugar con eso o a eso, y sí solos o con quién?

¿Cómo eran los colores de ese juguete o juego, quién eras tú dentro del juego etc.?

Mañana comprenderemos por qué.

Módulo 1. 1.15. Decimoquinta reflexión

La importancia del juego simbólico.

El juego simbólico comienza a ser grupal a partir de los dos años. Antes de esto, es una actividad individual; por eso juega un papel tan importante en la socialización del niño.

Pero además es un buen método para que el infante:

Proyecte sus miedos y conflictos y exprese sus sentimientos.

Enriquezca su conocimiento social.

Entienda los roles de las personas que lo rodean.

Aumente su creatividad, curiosidad y autonomía.

Aprenda a respetar las normas.

Entre los beneficios más destacables del juego simbólico, pueden destacarse los siguientes:

•Desarrollo de su imaginación y de sus emociones. Mediante la imitación, el niño representa situaciones tanto reales como imaginarias. Esto es clave en las primeras etapas de su desarrollo.

•Internalización del entorno. Solo podrá representar roles por medio del juego simbólico si realmente comprende el papel que desempeñan los individuos a su alrededor.

•Contribución a su desarrollo motor. Mediante el juego simbólico mejora su destreza y aprende nuevas capacidades.

•Fomento del desarrollo del lenguaje. Repite palabras o frases y, por lo tanto, al utilizar el lenguaje como forma de comunicación está socializando.

Resumiendo, el juego simbólico va a ayudar a que el niño

desarrolle su imaginación y mejore su lenguaje. Pero no solo eso, sino que le va a dar herramientas para poder superar situaciones estresantes y para aprender a empatizar, por lo que esta actividad va a ser muy positiva también para su desarrollo emocional.

Módulo 1. 1.16.- Decimosexta reflexión

¿Os acordáis de que ayer hablamos, de cómo recordar uno o varios juegos de infancia?

Bien, hoy os pongo el simbolismo del juego sano.

Vamos a identificar más sobre ello.

Simplemente os pido que miréis el esquema azul, y le preguntéis a ese juego de infancia, si cumple cada una de las funciones de los círculos azules.

Puede que algunas si y otras no, eso lo vamos viendo, una a una, y lo apuntamos.

Mañana os enviare un video con la importancia de cada una de ellas, para reconocer si, cuando nos íbamos al mundo simbólico del juego, estábamos jugando o huyendo de la realidad, para identificar unas cuantas cosas sobre nosotras mismas.

Módulo 1. 1.17. Decimoséptima reflexión

No sé si habéis podido trabajar el aspecto del juego que os propuse ayer, porque, a veces, las cosas se acumulan.

Cuando lo podáis hacer, no hay prisa, no importa, quería que todos tomásemos conciencia de que a veces el juego imaginario del niño interior no es un juego, sino el reflejo de su auténtico deseo. Podemos jugar con otros y compartir en unidad, como nos muestra la imagen, y en esa unidad divertirnos y valorar el tiempo con los demás; pero cuando jugamos solos en casa, estamos en el juego imaginario, vamos allí donde no hay problemas, donde todo es serenidad, donde el niño desarrolla lo que le gustaría que estuviera realmente en su vida.

Por eso, os invité a buscar 4 juegos o algunas formas de jugar que recordásemos: ¿cómo era la muñeca?, ¿cómo era el juguete?, ¿cuáles eran los colores?, ¿cómo era la acción?, para ver si aquel recuerdo que nos daba paz e ilusión nacía de la actividad normal de jugar, divertirse y gozar, o nacía de crear un mundo especial.

Os voy a poner un ejemplo mío.

Cuando yo era pequeña, a los tres o cuatro años, yo salía en televisión y tenía una cartilla de ahorros, que era donde que cobraba mi madre de los anuncios que yo hacía; en aquel momento, no sé si tenía 4000 Ptas. Me pasé un verano entero marcando con tiza dos metros cuadrados, en el suelo de la terraza. En ese espacio ponía una tumbona, mi perro lobo, dos o tres muñecas y una cocinita. Cuando alguien me preguntaba, les decía que ese era mi apartamento, porque yo viviría en un apartamento sola, y haría mi vida con mis animales.

Ese juego, que a todos les hacía mucha gracia, al ver como yo organizaba mi entorno, nacía de que en aquella época vendían unos terrenos en Castelldefels, un pueblo cerca de Barcelona, a 2000 Ptas/metro cuadrado, así que yo calculé que sólo podría adquirir dos metros.

Ese era mi refugio ante los gritos, las borracheras y lo que ocurría a mi alrededor, salvaba mis muñecas, a mi perro y a mí misma. Eso es un juego simbólico.

En ocasiones no se produce y podemos ver una copia, un niño que patea un muñeco, igual que le patean a él en su casa.

En otras, la niña interior tiene capacidad de crear un mundo paralelo, en el que se encuentra a salvo, pero curiosamente ese mundo paralelo es una clave muy importante de nuestro corazón. Es la clave de donde nosotros estamos siendo fuertes, valientes, ordenados, adultos (fijaos en que calculé cuándos metros podría adquirir, eso es propio de un adulto, no de un niño). Os he puesto mi ejemplo, pero sé que vosotros podréis buscar el vuestro.

A lo que me invitaba Kuanyin cuando hicimos este trabajo, era a tener en cuenta cuales son los colores preferidos de aquella época, porque esa niña interior, que jugaba en su mundo imaginario, sois vosotras y tenía unas características que, aún a día de hoy, son la fuerza que tenéis vosotras para crear un nuevo mundo en el día a día. Ese es el reto de hoy, crear un mundo nuevo en el día a día.

Vamos a ver cuáles de esas características de mi juego imaginario, son mi fuerza y mi voluntad de vivir en el día de hoy.

Módulo 1. 1.18.- Decimoctava reflexión.

Hoy vamos a completar la mirada a mi llegada al mundo.

Siendo honesta conmigo misma, vamos a necesitar ser realistas con la carga que llevo detrás de mí, y que creo haber escondido muy bien, incluso de mí misma, pues ya no la siento como una carga.

Abrazando a mi niña interna, sintiéndola y apoyándonos, nos preguntamos:

¿MI MAYOR MIEDO ES...?

¿LO QUE NO QUIERO QUE NADIE SEPA DE MÍ ES...?

¿MI CUERPO ES...?

¿MI RELIGION ES...?

¿DONDE MÁS VULNERABLE ME SIENTO ES...?

¿EL DISFRUTE ES ALGO QUE...?

¿MI PROPIA SANACION EMPIEZA POR...?

¿MI SEXUALIDAD ES...?

Respondiendo sinceramente, podré ver los efectos de mi educación. Al responder con sinceridad, puedo compararme con mi madre y ver que tenemos en común, y también con su linaje.

Podré entender como nos marcó nuestra cultura. Incluso si respondéis a la pregunta que hace referencia a esto, que no tenéis religión, mirad a la niña interior, y ved cómo se crio y porque elegisteis ese rechazo.

Debajo de estas creencias, puedo añadir:

"Me hago consciente de que esas creencias habitan en mí y del poder que les di. Hoy cancelo, cancelo, cancelo toda la autoridad energética que les di, y elijo ser la autoridad interna de mi Ser, para sentirme plena de nuevo".

Y firmáis con nombre y apellidos, añadiendo la fecha y lugar donde estamos cada una.

Es tiempo de reconocer esa fuente superior que somos nosotras mismas.

Módulo 1. 1.19.- Decimonovena reflexión

El verdadero reto de la vida es afrontar una experiencia. Por ello, es muy importante reconocerse a uno mismo, en sus propios ciclos.

Toda mujer tiene varios ciclos, tanto hormonales, como una fuerte necesidad de avanzar a medida que nos hacemos mayores. La fuerza de una mujer crece y su necesidad de progreso, tanto intelectual, como emocional, siente una mayor presencia dentro de ella.

La mujer tiene un gran universo dentro de ella, y recién lo estamos conociendo.

"No atraemos lo que queremos, atraemos lo que creemos que es cierto"

Neville Goddard

Por eso, estos días buscamos ver las creencias que no eran reales.

Hoy cerrando el ciclo a nuestro segundo encuentro, podemos ir a nuestro interior y reconocer:

¿Hay alguna parte de mí que aún pide perdón cuando actuó, o necesita permiso?

Porque son las partes que reflejan la herida, quizá ancestral, que creo que no puedo o no seré capaz de brillar por mí misma, para mí misma, sin buscar reconocimiento, ni para salvar a nadie, simplemente amar lo que hago y hacerlo desde el corazón.

Observemos, las veces al día en que pido perdón, aún ante algo, son la negación de mi propia luz, y nos hunde en el enojo más profundo con nosotras mismas.

MÓDULO 2: ABRAZANDO TU ADOLESCENCIA

La importancia del autoconocimiento

Conocer el interior de nuestro inconsciente, es una fuente de poder in- menso. Todas hemos

sentido alguna vez esa fuerza interior que nos lleva hacia lugares que aparentemente no

queremos.

El inconsciente es también la cultura, no es solo un mundo

interno y oculto; es una relación

que el sujeto pone en el otro, en el que busca, en el que rechaza.

Nuestro inconsciente se manifiesta en mí de distintas formas.

Cuando hablamos: lo que repetimos, lo que decimos una y otra vez, de nosotras mismas. Es energía es una vibración hecha sonido, que nace de lo que creo en mi o me han hecho creer que soy, cuando hablo de mi en mi interior, se acumula la energía haciéndome sumar más sanación o más negación de mí misma.

Donde realmente podemos ver, en que vibración real esta nuestro corazón es en las equivocaciones, aquello que decimos sin pensar, lo que sale como si fuera un fallo, pero que en realidad puede ser el reflejo de nuestro interior.

Se llama lapsus lingue, porque expresa tu deseo más profundo hacia algo o una persona, o bien la polaridad más negativa que hay en ti.

Como actuamos: lo que hacemos una y otra vez, sí los hábitos; dándonos o no cuenta, cómo nos

relacionamos, en los trabajos que preferimos, parejas y los tiempos que tenemos. La nutrición, el descanso etc.

A todo aquello, a lo decidimos poner atención, es en realidad donde estaremos entregando el corazón, entregar nuestro amor y nuestro tiempo.

Cuando ponemos foco en el amor o la confianza, el flujo de

nuestras palabras más honestas, más veraz, en coherencia con lo que sentimos, pensamos y exteriorizamos.

Dejamos de callar por lo social o el miedo, y empezamos a compartir palabras y gestos más sinceros lejos de la vergüenza y los miedos.

Poder equilibrar y retomar la energía femenina para sanar, es la clave para nosotras mismas y para la madre tierra.

Todos nosotros, los seres vivos, somos una mezcla de estas dos fuerzas. Cada persona, hombre o mujer, está compuesto por las dos energías: femenina y masculina.

Hemos de asumir que son complementarios que me dieron la vida, y que están en mi interior, es tiempo ya de dejar todo aquello que me hace temer a una u otra identidad, constantemente.

Son las experiencias y creencias de otra generación, no las mías. Son los miedos de otros tiempos o vidas, no las mías hoy.... Es tiempo de ordenarlas y soltarlas porque ambas energías están en mí.

Todos los seres somos una mezcla de estas dos fuerzas. Cada persona, hombre o mujer, está

compuesto por las dos energías: femenina y masculina.

Todas Las figuras de la virgen Maria, en Europa, llevan un sol en su interior, en su pecho o

segundo chacra.

La integración de la energía Solar, del divino masculino en el divino femenino.

La carencia y el merecimiento, en la mujer adulta, restaurar la joven adolescente interna...

EL MANEJO DE MIS VOCES

Cada vez que sientas miedo, o te sientas mal, estás en tu propia infancia. No se trata de la mujer que eres ahora, sino de la niña interior, o del adolescente, pidiendo amor nuevamente.

La mujer diosa está en estado de sabiduría, y en estado de ahora, se reconoce.

Cuando no pudimos ser adolescentes y la herida interna, nos impide reconocernos.

La herida de la adolescencia, no se acepta tanto como la herida del niño interior y, en cambio, es crucial, porque es la que hace que no nos aceptemos a nosotras mismas, y siempre se remueva la herida del rechazo.

Como el segundo chakra es el de la creatividad, es quién más va crear personajes, incluso peligrosos para nosotras mismas, que nos aborten las relaciones sin querer, y va a activar ¿Dónde estás viviendo? Pasado Presente Futuro Presente Futuro Culpa, vergüenza arrepentimiento Sentir tristeza o depresión.

Vivir en lo que sucedió, reproducir hechos y conversaciones. Analizar todo y a todos Claridad Aceptación, Alegría de ser, Comprensión, Paz interior, Gratitud, Mirada a lo desconocido,

Preocupación por lo que podría pasar, Sentir ansiedad, Obsesión por controlar las situaciones, Enfocar o pensar en la peor posibilidad.... muchos comportamientos inconscientes, para desconectarnos de nosotras mismas y de nuestra energía sexual.

Cuanto más profunda ha sido la herida de infancia, mayor es el rechazo hacia nosotras mismas y hacia los demás.

La herida de vergüenza se aposenta en nuestro interior.

Otra de las grandes fugas de energía de nuestro adolescente, es que aún no sabremos poner límites, o nuestros límites serán tan rígidos que nos encarcelarán a nosotras mismas. (El grande), lo recibido en primera instancia en la infancia, hará que cuando hemos de salir al mundo, expresando nuestro auténtico yo, tengamos una guerra interna entre lo que debo hacer o lo que me han dicho que debo ser.

Esta Guerra, puede llevarme a perder la vida incluso a través de la perdida de salud, puede llevarme a perder toda mi vida, entre la rebeldía y la autodestrucción. Por ello, muchas mujeres cuando llegan a la época de la menopausia sienten esa rebeldía de no sentirse libres, de no poder sentir la vida al límite, pero en realidad no se lo permitió la herida del adolescente, y cuando sus hijos entran en el camino de la adolescencia, ellas se desbordan. En caso que no haya hijos, se desbordan a sí mismas, porque sienten que no han vivido. Mayor pista para saber si tenemos nuestra adolescente herida, **es cuando uno está agotado de que los demás le pasen por encima.**

Cada vez que sientas miedo, o te sientas mal, estás en tu propia infancia. No se trata de la mujer que eres ahora, sino de la niña interior, o del adolescente, pidiendo amor nuevamente. La mujer diosa está en estado de sabiduría, y en estado de ahora, se reconoce y tiene el suficiente conocimiento para volver a mirar al pasado, observándolo y abrazándolo con amor, y dejándolo marchar, si hace falta. Cuando algo vuelve, y nos mueve emocionalmente, es que estamos totalmente desconectadas del propio corazón. Entonces es cuando surge el miedo a que se repita la situación que bloqueo a nuestra niña interior, o a nuestra adolescente, y que no nos permite poner límite a esa situación, es ahí cuando repetimos patrones. Nuestra cabecita siempre se cree lo que piensa y lo que siente, por eso a veces nos cuesta identificar si está pasando ahora mismo, o estamos viendo en realidad lo que ocurrió hace muchos años, o hace muchas vidas. Las dos grandes heridas de una mujer son siempre un filtro para ver la verdad. La niña interior abandonada, ya sea real o lo reciba ella así, y la adolescente que se rechaza, o ha sido rechazada.

Si a eso le sumamos la herida de vergüenza de todo el transgeneracional femenino, Abrimos a que estas heridas sean bases de otras. La mujer que está reconectada a sí misma, ya no puede ser herida, ya ha podido dejar atrás estas dos heridas, y devolver el qué dirán, el qué pensarán, o él no lo hagas por tus ancestros, porque se reconoce y tiene conexión con su sabiduría interna.

Es muy sencillo, pero también soy muy consciente de que todas estamos aprendiendo a cerrar las dos heridas principales: los miedos. el control, el volver a pasar por lo mismo, no eres tú es la niña y la adolescente. Por ello, es tan importante llegar al punto cero, y vaciar la herida del rechazo desde el instante en el que te gestaron, dentro de mamá. Igual que sellar la conciencia del abandono.

Todas nuestras personalidades y aventuras de vida, se derivan de estas dos grandes etapas de nuestro cuerpo emocional. Vemos que nuestra propia forma de sanarnos, y de llegar a la ligereza, la alegría, y la fuerza personal, es un profundo trabajo individual.

Hemos de ser muy conscientes de la voz que está hablando en nuestra cabeza cada vez, porque le dimos el control de las experiencias de nuestras vidas. Muchas me diréis que se lo dimos porque fuimos manipulados, fuimos abusados, técnicamente así es, pero a nivel de conciencia fue una de las dos, la niña o la adolescente, que fue a comprar amor. De estas dos heridas se van a derivar todas las parejas que lleguen a nuestra vida, los trabajos, las relaciones, las amistades.

Todas ellas se basan de la creencia que yo tengo sobre mí, sobre ser merecedora de vivir, o seguir defendiéndome. Todo surge cuando yo vuelvo la mirada a la vida, y me desapego de mis padres, es el primer cambio que llamamos preadolescencia o adolescencia, y que varía absolutamente, según la conciencia emocional de los niños.

Es una etapa en la que debo salir a explorar el mundo, y cuestionarme todas las creencias de mis padres, es la etapa en la que yo debo buscar mi libertad; aunque, a veces, ese camino no es posible, porque la vida nos trae a una situación en la que la niña ya debe ser adulta, aunque sea muy pequeña para sobrevivir a lo que tiene en casa. Al explorar con nuestros propios ojos la verdad, tomamos conciencia de todo el maltrato, y lo único que hacemos es correr, para sobrevivir.

Podemos caer en buscar seguridad en una pareja, para huir de casa. Incluso nos refugiamos en los estudios y llegar a ser el número uno. Podemos enfermar para llamar la atención. Entraremos en un profundo camino de rebeldía que apague nuestra luz, o incluso la destruya. Tantas personalidades, y emociones, surgen de no poder volar y descubrir el mundo por ti misma.

Esto, con los años, evidentemente nos va a pasar una gran factura. La fuerza de independencia, que tenía que construirnos a nosotros mismos, la hemos tapado al ser fuertes, aunque por dentro estemos enfadadas y asustadas, dándose una profunda lucha con nosotras mismas. La mayor factura es que hemos entrado en el masculino fuerte, un masculino potente, que nos ha ayudado a poder salir de este dolor, pero que nos ha roto, por dentro, la conexión con el femenino, alejándonos de la creatividad, y de la ligereza de la expansión.

Claramente no vamos a pedir ayuda a nadie, ni en esa etapa, ni de adultas, porque no lo hace la mujer que puede con todo. A la vez, también nace una mujer que acalla su voz, que camina por la vida sin experimentar una pareja en libertad, porque no cree que el masculino de verdad pueda valorarla, ya que ella no se conoce y tiene mucho miedo a ser vista. Algunas, con los años, nos hemos ido currando esta vida, poco a poco. En un siglo en que la mujer puede ser igual al hombre, tienes todas las posibilidades para crecer y expandirte, y una sociedad que te permite hacer cosas que, para otras fueron impensables, como elegir pareja, elegir estudios, no nos lo permitimos y abusamos de esa libertad, o nos negamos esa libertad, porque asumimos inconscientemente, de nuestra madre, que el mundo era su misión, y que tenía que ocultarse del mundo, para no ser violada o maltratada, en ocasiones seguimos sin poder hacer nada por nosotras mismas, o negamos que no necesitamos a nadie para ser nosotras mismas.

Así se abre la cuarta herida más profunda de una mujer, es la soledad, y nos convertimos en esa mujer masculinizada, que quiere dirigir su vida y afrontar todos los problemas sin ayuda de los demás.

Está ocupada y está tan cansada con esa lucha, que olvida lo que es disfrutar de la vida, hasta el punto de sentirse culpable por descansar. Encontramos un masculino tan fuerte en nuestro interior, que solo nos damos valor en el trabajo, en nuestra capacidad de resolver, y en esa capacidad de ayudar a terceros, olvidando lo más sencillo, que es atendernos. Estaremos tan cargadas de conflictos que no habrá tiempo para el juego, y si somos capaces de resolver los nuestros, buscaremos nuevas batallas una tras otra. Ese rechazo, que hace no sentirnos valoradas por dentro, nos lleva a encontrar los personajes más duros en todo tipo de relación, para aumentar ese rechazo, y justificar nuestra creencia interna. Desde los hombres, hasta los bullying, todo va apoyar mi propio auto rechazo. En este módulo, vamos a trabajar profundamente la herida del rechazo, que sea valorada, escuchada, y le pongamos nombre sin buscar la aprobación de otros, venciendo la mayor tentación del masculino interno de una mujer, huir de las emociones, o salir corriendo de aquellas relaciones que nos abren el corazón y nos obligan a sentir, porque somos muy buenas dominando la lucha por salir del dolor, y nos aterroriza profundamente ser vulnerables, recibir y sentir de nuevo.

Los rechazos exteriores los podemos hasta trabajar, porque los identificamos Los rechazos internos más profundos, podemos guardarlos en nuestras células como algo irreversible, sobre todo cuando, por comentarios de nuestros padres, nos hemos sentido traicionado en público. Más duro que un primer amor que no ha ido bien, es cuando tú ofreces tu corazón a un grupo de amistades, y simplemente recibes un juicio, que tumba esa poquita fuerza femenina de creación, abriendo el abanico de los "tengo que gustar a los demás, tengo que pelear por mis derechos, tengo que demostrar lo que valgo, tengo que valorarme a mí misma, tengo que arreglar todos los problemas del universo, tengo que ir, tengo mejor vida sola" ...

La lista de justificaciones y defensas, en nuestra cabeza, sería inmensa. Y también hay los que abren el femenino mal aspectado, es la manipulación para mí y para los demás, controlo yo hasta qué punto me van a dañar, o eso cree mi cabecita. Como esa etapa adolescente es el pilar de la adulta, sus creencias están arraigadas en nosotras, y se une el sentimiento de no reconocerse, de sentirse imperfecta, y de no aceptarnos a nosotras mismas, desde el cuerpo hasta todas las partes de mi existencia.

Como decíamos antes, si a eso le unimos la herida ancestral de la vergüenza, nos va a llevar a no poder integrar la mejor fuerza que tiene la mujer, que es su sexualidad sagrada y su creación de vida. Rechazaremos la maternidad, rechazaremos el amor, rechazaremos ser bien tratadas, rechazaremos poner límites, y lo más duro, no vamos a escuchar ni a nuestra niña interior ni a nuestro corazón. Entrenaremos todas nuestras decisiones a tapar nuestros defectos, para no ser juzgada por nuestros errores, y para callar los miedos, encontraremos imperfecciones a todo lo que hagan los demás, especialmente si se atreven a ser libres.

Meditación pilar de conciencia con la niña interior

Vamos a tomar conciencia del cuerpo. Respiramos muy dulcemente, y vamos a sentir como la planta de nuestros pies se une a la madre Tierra.

Respiramos muy suavemente, muy dulcemente, y permitimos que toda esa frecuencia de luz, que toda esa energía, se ancle en nuestro interior. Pedimos a madre Gaia que nos muestre todo su núcleo de cristal, cada una como lo reciba, como un gran sol, como una fuente de luz, cada uno desde donde se encuentre, y respiramos muy suavemente, permitiendo que esa frecuencia de luz y de amor, se ancle en nosotros.

Vamos a pedirle que, de su núcleo, de los múltiples colores que hay, nos envíe un rayo Cristal arcoíris, como un rayo que todo son chispas, cristales y luces de colores, como los reflejos del agua y el sol cuando se funden en un brillo. Subimos esta frecuencia de luz en vertical hacia nosotros, y permitimos que toda esa energía suba a través de las capas de la tierra, hasta el chakra Estrella de la Matrix, un punto de unión con el tubo de luz que forman nuestro prana y la corteza terrestre. Respiramos muy suavemente, y permitimos que esa frecuencia, que esa energía nos bañé internamente, y suba en vertical a través del prana, como una espiral de luz, como si fuera una carrera de colorines que va en vertical hacia arriba, y va subiendo hasta el encuentro de nuestro chakra Estrella de Gaia.

Y sentimos como gira sobre sí mismo, creando una esfera de brillo. Respiramos muy intensamente y, a nuestra manera, como sintamos, le pedimos, por favor, a esta frecuencia y esta energía, que nos bañe y se abran tres grandes rayos de luz, dirigidos a las dos plantas de nuestros pies, y a nuestro chakra base. Respiramos muy suavemente y podemos recibir toda esa energía, a través de la planta de los pies, como si subieran las burbujas, los colores, los brillos, por todos los tejidos de nuestras piernas, hasta llegar a nuestro chakra base.

Respiramos muy suavemente de nuevo, tres veces, mientras la energía se va abriendo camino por el segundo chakra, por el plexo, por el corazón, y una vez en su interior, vuelve a formar una esfera de luz, que integra nuestros cuerpos, y respiramos muy suavemente, impregnando toda esa energía. Vamos unificando esa energía, esa luz, y podemos sentir como la luz sube a nuestro chakra de la garganta, a nuestro sexto chakra, nuestro chakra corona, y desde ahí al chakra Estrella del Alma, un palmo 20 cm por debajo de la planta de los pies. Respiramos muy dulcemente y pedimos que esos cristales se distribuyan a mi alrededor, dejándome en una columna de luz, en un gran pilar más ancho, como si yo estuviera dentro de un cilindro. Ese pilar es una columna que pasa a través en mi cuerpo, en unión cielo tierra.

Respira profundamente y ahora voy a invitar a entrar a mi niña interior, en este espacio. "En nombre de Yo Soy en mí, invoco a la niña interior de (nombre y apellidos)" repito tres veces. Respiramos de nuevo, y comprobamos si es la niña interior, en nombre de la luz y del amor. Ahora nosotros, muy suavemente, muy dulcemente, nos impregnamos de toda esa energía, y pedimos a esa frecuencia de luz que nos bañe, de manera que una luz dorada entre por nuestra cabeza, baje a nuestro de corazón y se dirija al corazón de la niña interior, como si un baño de luz dorada nos uniera a las dos, a través de la fuerza de nuestro Ser de Luz. Respiramos suavemente, mientras esa energía se va consolidando entre ambas. Y le preguntamos a la niña, si es nuestra niña interior en nombre de la luz y del amor.

Seguimos respirando y le decimos a la niña: Amada niña de luz, ¿tomas conciencia de que estoy contigo, y que mi Ser de Luz me está llenando de amor, para ti y para mí? Le preguntamos si está tomando conciencia de la unidad entre los tres. Si os llega un sí, le decimos:

Amada niña de luz ¿estás tomando conciencia de que no estás abandonada, que estamos los tres en unidad? Respiramos muy suavemente y le decimos: ¿estás dispuesta a comprender que no hubo separación del otro plano en esta vida, que solo hubo un trabajo puntual en el plano físico? ¿Estás dispuesta a dejar de estar enojada con el Universo, por darte la oportunidad de experimentar una vida, o llevar a cabo tu misión, en vez de sentirte abandonada por tu familia estelar y tu ser de luz?

Si oímos un sí, le decimos que no hay separación, que fue un miedo, o una memoria de ADN, la que le abrió la brecha de la separación, y que estamos aquí para ayudarla con cada uno de sus miedos, y con cada uno de esos patrones familiares; los iremos atendiendo, poco a poco, uno por uno. Ahora es un buen momento para que ella mire su plexo, y busque un pergamino, un rollo, un papel o una carta, donde están escritos todos sus miedos e imaginamos o visualizamos que abrimos nuestro chakra y, desde su interior, podemos sacar toda esa energía.

Si es un rollo de papel, lo desenrollamos, si es una carta, abrimos el sobre...puede que nos entregue uno cada vez, o todos de golpe, los iremos atendiendo, poco a poco, uno por uno. Y le pedimos que esa carta nos la entregue, para que nosotros nos podamos girar, dentro de ese pilar de luz, y dársela a nuestro Ser Superior, para que la equilibre.

Respiramos suavemente y abrimos las manos, para recibir ese pergamino, ese contrato de vida o ese texto, y nos giramos detrás de nosotros, con la asistencia de nuestro Ser de Luz, y le entregamos esa carta, ese pergamino, o esa lista; a cambio, recogemos un papel en blanco y nos giramos, para dárselo a la niña, y al respirar escribimos: "Yo la niña interior de (con nombre y apellidos) le digo un sí a la vida, agradezco lo que aprendí de estos patrones de conducta, y tomo conciencia de que no estoy sola, que está mi ser físico para protegerme, y que está mi Ser de Luz, para traer conciencia a mis actos. Hoy aquí ahora (ponemos fecha) acepto sellar la herida de abandono ancestral.

Hoy cierro la mirada al abandono universal, porque sé que no era real, sino que es fruto de mi miedo". Respiramos muy suavemente y, cuando la niña interior haya firmado, le pedimos que guarde esa información, en el interior de su chakra del plexo solar, y visualizamos cómo se cierra el chakra, como si se cerrara la tapa de un viejo reloj. Respiramos profundamente, invitamos a nuestra niña a mirar hacia delante, y luego que vuelva a mirarnos. Y cada una, con su propia voz, en voz alta, le repite: "He tomado conciencia del dolor, de tu abandono, te pido perdón, no era consciente del dolor de este contrato de vida, porque no tenía plano físico cuando lo contraté, para crecer espiritualmente.

Te pido perdón por el daño que has recibido, cada vez que yo no me honraba a mí misma. Te prometo trabajar activamente contigo, para que las dos podamos fundirnos en una sola luz, la luz de la fuerza de tu energía creativa". "A día de hoy (cada uno pone la fecha), acepto ser una con mi Ser Solar y acepto ser una con mi niña interior, y acepto la responsabilidad de apoyarme a mí misma, construyendo este gran pilar de luz, que es mi niña interna"

Respiramos dulcemente y cada una si no la ha abrazado ya, que le extienda la mano para abrazarla, para jugar, para sentarla en su regazo, como ella sienta. Cuando estéis abrazadas, volvéis a mirar hacia delante, y le decimos que es tiempo de mirar como observadores, que aquello que nos llega del exterior no siempre estará en nosotras, simplemente es el dolor de otras personas, que aún se sienten abandonadas. Por ello, aquí, ahora, y hoy, voy a vivir desde el pilar de la fuerza de cuidar de mí misma, y que cura y sella la herida de soledad.

_Ya no estás sola pequeña, estamos las tres. Desde esta unidad, vendrán las nuevas oportunidades de expandirnos con otras almas. Necesitamos de tu sabiduría, para manifestar en la tierra, necesitamos de tu alegría, para para expandir en la tierra, necesitamos de tu paz para tener fuerza en la tierra.

Respiramos muy suavemente, sintiendo como los cristales de luz siguen viniendo desde la Tierra, pasan por nuestro cuerpo, y generan este pilar de luz, que es un remolino de muchos fractales, algunos de esos brillantitos, esos brillitos, se van repartiendo por nuestro cuerpo y lo van restaurando. Respiramos dulcemente y le preguntamos ¿cada cuánto quieres que trabajemos juntas? Y respiramos suavemente, en unión a nosotras mismas.

Le damos las gracias y la dejamos marchar. Les damos las

gracias a los seres de luz, y a mí Yo Superior, por sostener este punto de encuentro, y prometemos venir a él, siempre que algo nos desestabilice, o para reforzarnos internamente.

Respiramos suavemente, de nuevo, tres veces, dejándola partir o quedarse con nosotros, y recogemos ese pilar de luz, como una segunda columna, que se coloca a nuestra izquierda, y le pedimos que se quede cogida nuestra mano, a nuestra izquierda.

Respiramos suavemente y cada uno como sienta, le da las gracias a madre Tierra por la energía que nos sostuvo, y cierra esa entrada energía a través de la planta de los pies, permite que las últimas energías que subían se repartan por sus cuerpos, y vamos cerrando el aura al tamaño normal, para ser nosotras mismas. Respiramos muy dulcemente y, cada una como sienta y reciba, se va uniendo a nuestro interior y va moviendo el cuerpo suavemente, los brazos, el tronco y Regresamos a nuestra presencia.

Meditación pilar de conciencia con la adolescente interior

Vamos a reconstruir el pilar interno de nuestra adolescente

Respiramos muy dulcemente, y pedimos al Universo que nos mande un rayo de luz magenta. Sentimos como esa luz rosa magenta, baja desde el Universo hasta nuestra cabeza, desde ahí a nuestra garganta, a nuestro timo, plexo solar, toda la zona de colon, chakra base, y permitimos que la energía pase a través de nuestro canal central de luz, llamado prana, y a través de nuestras piernas, como si se hubiera dividido en tres grandes rayos.

Seguimos respiramos suavemente, permitiendo que toda esa energía de luz rosa, o magenta, se vaya distribuyendo dulcemente en unión a todos los chakras, que están entre mi chakra Estrella de Gaia, un palmo por debajo de la planta de los pies, y el chakra Estrella del Alma, un palmo 20 cm por encima de tu cabeza.

Respiramos profundamente y vamos a permitir que esa energía, o esa frecuencia que ha abierto nuestros canales de luz, comience la reconstrucción de un nuevo pilar, el pilar interno de nuestra adolescente.

Respiramos muy dulcemente y cada uno, como sienta y reciba, pida que toda la luz de nuestro cuerpo se reparta alrededor y con luz verde esmeralda, o azul zafiro, ponga una columna de luz, para todos los seres que han sufrido, y que están en mi ADN. Respiramos muy suavemente, y abrimos el corazón de par en par, para recibir un rayo de luz nácar, ese blanco que brilla suave, y que va a caer sobre nosotros, a través de nosotros, desde el universo como una gran cascada. Recibimos esa cascada de luz, y ahora pedimos que esa energía que se dirige al núcleo de la Tierra, nos vayamos mostrando muy suavemente, poquito a poco, la verdadera presencia de luz dentro de mi corazón.

Respiro dos o tres veces y, a medida que respiro, consolido la bola de presencia alrededor mío. Seguimos respirando y ahora, aquí, en este instante de unión con la Tierra, es donde voy a invitar a entrar a mi adolescente interior: y le preguntaremos:

- ¿Cómo puede ser que aun viva temerosa de ser yo misma? "En nombre de Yo Soy en mí, invoco a la niña interior de (nombre y apellidos)" repetimos tres veces. Le preguntamos:

¿Cómo puede ser que todavía me vea en batallas conmigo misma, a través de los sueños o la meditación?

Respiramos muy dulcemente y ahora le pedimos: Amada niña interior, ¿me permites trabajar con mi nueva etapa?" Si nos dice sí, le decimos: Amada niña de luz, ¿cómo sientes que viviste la adolescencia?, ¿hubo espacio físicamente para ella, pude tener una adolescencia física real, o no? Seguimos respirando y le preguntamos: Amada niña de luz, ¿fue un refugio para la adolescente actual, las imágenes escolares que me cuentas?

Respiramos dulcemente y vamos a invocar ahora a mi adolescente interior. "En nombre de Yo Soy en mí, invoco a la adolescente interior de (nombre y apellidos)" repetimos tres veces.

Respiramos suavemente y le decimos que no estamos aquí para juzgar, sino para construir, que necesitamos su destreza para haber sobrevivido a diferentes etapas, que ahora tenemos que armonizarlas.

-Llamamos ahora a Kuan Yin: "En nombre de Yo Soy en mí, invoco a la amada Kuan Yin", repetimos tres veces. Le preguntaremos si es ella, en nombre de la luz y del amor, si nos dice que sí, le pediremos que ponga las manos a la altura del corazón, para tener un encuentro entre nosotras y la energía de su espacio tiempo y con sus paseos por los libros de la vida.

Amada Kuan Yin, en el instante que fui concebida, ¿qué es lo primero que te viene a la cabeza?, ¿tus padres eran felices, o no pensaban en el mañana? Respiramos suavemente y sentimos internamente la energía activa, a nivel de sexualidad, y le preguntamos a nuestra adolescente si ella sabe si su energía kundalini puede pasar por el plexo.

Si cuando la madre tierra sube espontáneamente la energía de vida, hacia la superficie, o yo estoy meditando, y trabajándome, soy capaz de unirme a ella, y coger toda su fuerza e impulso. Respiramos muy suavemente, y de forma muy natural le preguntamos: Amada adolescente, ¿eres luz o aún estás en batalla de aceptación?

Respiramos con la mano en las piernas, en el corazón o en el plexo y le pedimos que recuerde el instante en que se abrió el portal a la Tierra, y que observe en su interior, si para ella había algún tipo de rechazo familiar, que la impregnó en sus nueve meses de gestación. Le preguntamos:

-Amado ser de luz: ¿cuál es el insulto, o creencia, que pesa sobre mí, que recibí como un corte a la confianza de este viaje a la madre Tierra? ¿Cómo estoy, respecto a la primera vez que vi la dualidad actuando? ¿La comprendí, la rechacé? Seguimos respirando y le decimos: ¿A día de hoy, podrías explicarme si ese rechazo fue por decisión o por dolor? Ahora me observo y pido que la energía de mi corazón, reciba un rayo de luz violeta del Universo, que llega hasta él y va bañando todos los hilos enmarañados, implantes, grupo de creencias que me han marcado tanto hasta el día de hoy, y permito que esa energía salga de mi pecho al exterior, desprendiéndome de todas las personas que han ofrecido algo bueno, o algo malo, en el interior de mi corazón.

Respiro suavemente y pedimos: Amado elemental del cuerpo, ¿estás dispuesto a ayudarme para convertirme en alguien que no se pueda pisar?, ¿o estás dispuesto a llevarme a lo más alto, para convertirme en esa persona que construye, ante el dolor? ¿Dónde me encuentro exactamente, en el pasado, o futuro, cuando voy a pintar, cocinar, barrer, estudiar, etc.? Vamos respirando, mientras nos muestra lo que hay.

Ahora pedimos, muy dulcemente, que permita que esa luz violeta, que entra por la cabeza, hace una espiral en la garganta, empuje a través de los chakras de las manos toda la energía sobrante, y todo lo que yo no soy habitualmente.

-Y le decimos: Amada niña de luz, ahora no hay herida de rechazo, ahora yo soy tú y vine a traer la diferencia, así que siempre caerá una mirada sobre mí, rechazando mis actitudes, igual que a veces yo me he rechazado a mí misma.

Respiramos profundamente y pedimos, en nuestro libro de la vida, una página en blanco, en la que escribiremos: **"Me abro a ofrecer lo mejor de mí, en mi nueva pareja de vida. Me abro a mirar a la madre tierra con amor, para que me ayude a desarrollar mi misión estelar. Me abro a reconocer aquellos puntos, del bosque, playa o parque, donde yo puedo crecer y buscarme más a mí misma"** Y firmamos, población donde estamos, nombre y apellidos y fecha.

Respiramos sintiendo esa energía y le pedimos, muy dulcemente, a la adolescente interior si está dispuesta a cambiar sus tipos de armas, si a partir de ahora está dispuesta a crear vida, en vez de defenderse con todas las personalidades y armas que ha usado hasta hoy, incluidas sus armas de mujer. Si recibimos un sí, le pedimos a la llama violeta que venga desde el Universo y cree una fogata ante nosotras, para poder enviar toda esa energía de lucha, para que sea equilibrada.

Simbólicamente nos despojamos de todo lo que llevemos,

cuartillas, cadenas, dinero, títulos universitarios, que hayan sido la forma de poner barreras a la vida, y lo vamos echando al fuego, para que sean transmutadas en amor.

Si hemos oído un no, le preguntamos a que tiene miedo todavía, para cumplir su auténtico propósito, que es salir a la vida a vivir. Puede incluso que diga si y no a la vez, o que diga sí pero aún tenga algún miedo. Respiramos un momento, permitiendo que esa frecuencia de luz vaya escuchando como se llaman sus miedos, y con gratitud los vaya entregando al fuego violeta. Respiramos muy suavemente y pronunciamos ahora, un decreto muy sencillo:

"Hoy, 15.6.22 (o la fecha en que cada uno haga el ejercicio), yo le digo sí a la vida, yo me permito cerrar esa herida de rechazo y agradezco todo lo que aprendí de ella."

Respiramos suavemente, juntando las palmas en el corazón, y desde ahí digo "**Me permito ser imperfecta. Me permito volver a jugar. Me permito acompañar a los demás. Como me permití en el vientre de mamá venir a experimentar esta vida, a explorarla y aprender de ella, antes de que, lo que yo consideraba una autoridad, modificara todo esto**". Respiramos muy suavemente, y cada una, en voz alta, en su casa, repite: "**Hoy digo sí a la vida. He venido a crear, no a destruirme.**"

Le damos las gracias a nuestra adolescente y, cogiéndola de la mano, le pedimos que se quede a nuestra derecha y bajamos un rayo de luz azul zafiro, desde el Universo, con la fuerza de amor y unidad de otros seres, de otros planos, de otros tiempos o de mi propio planeta, que me ayuden y me reciban en esta unidad, bañando mi chakra corona, sexto chakra, garganta, pecho, plexo, cadera, piernas y tobillos. Respiramos muy suavemente de nuevo, tres veces. Sentimos como esa luz azul zafiro, nos baña por dentro y por fuera, y nos consolida como una gran columna. Le damos las gracias a nuestra niña interior y a nuestra adolescente, por unificarse con nuestro corazón.

Poco a poco volvemos a la conciencia presente, sin abrir los ojos y nos permitimos que esa energía se vaya uniendo, movemos pies, tobillos, toda la frecuencia de luz que somos, movemos el tronco, la cadera, la espalda y nos tomamos unos segundos, para volver al presente.

Cuanto necesitamos Ser Amadas....

Todas nosotras necesitamos ser aceptadas haber recibido algún tipo de apoyo que nos nutre, y esa fuerza será lo que nos ayude a afrontar, toda nuestra vida, a desarrollar la confianza necesaria en nosotras mismas y en nuestras decisiones.

En este módulo con los ejercicios que vienen a continuación vamos a rescatar esas necesidades a tomar conciencia de la importancia de que recibamos ese amor, solo que la mirada es hacia nosotras mismas; nosotras nos vamos a ahorrar y a cuidar lo suficiente a partir de ahora.

Por qué no podemos reclamar a que no tiene esa sensibilidad, que nos de lo que no pudo darnos

Cerrar esta etapa de nuestra vida es muy importante para que no usemos todo lo que está en nuestra rededor, incluido nuestros hijos para satisfacer nuestras necesidades.

Para que salgamos de todo tipo de adicción, incluido al amor, que no nos produce más que hormonas de satisfacción, pero que no llega el dolor del alma.

El cuaderno de ejercicios que viene ahora quizá no tenga la admiración de los padres, pero si va a obtener la fuerza para no caer en la desilusión de la niña interior y sus fantasías. O la búsqueda desesperada para vivir de forma completa con cosas exteriores. En ocasiones las familias nos han hecho elegir un bando o eres fiel a mamá o eres fiel a papá o eres fiel a toda la familia y no te atrevas a ser tú misma.

En ocasiones, es muy consciente en otras nace de un chantaje emocional, muy sensible que nos acondicionado toda la vida y que no nos permite la neutralidad frente a las historias de la familia. Por ello, cuando tú te amas y te aceptas, desaparecen las condiciones y puedes desarrollar tu individualidad es lo que representa realmente la adolescencia.

Liberando todas las culpas de ser la oveja negra de la familia, o dejando de dañarte para que te salven o te cuiden... en ocasiones he visto procesos de pelea por ser cuidada entre una madre e una hija que han llevado a la muerte de la hija somatizaciones que cuando quise dejar de enfermar, ya no puedo controlar.

Si están fuerte, la necesidad de ser conocido de ser cuidado que podemos llegar a enfermar para llevar la tensión, impidiéndonos desarrollar la adulta, porque hemos antepuesto una necesidad narcisista; que ya nos impide reaccionar, porque nos parece que nunca es suficiente y que enfermando Ros nos vendrán a vernos y nos cuidarán.

Un bucle que raramente funciona, al contrario, puede llegar a alejarnos de fractura en la familia de una forma cruel, porque estamos exigiendo a alguien que haga lo que no es capaz de hacer.

Cuando cuidamos de nosotras mismas podemos salir de un camino muy corto, que muchas veces hemos recorrido y que nos lleva desde ser la abuela hija que complacer todo a la rebeldía máxima y devuelta a la niña buena.

La adolescencia es buscar tu individualidad, y esa es la fuerza que cambia el mundo, tu vida y el entorno de la familia. La familia evoluciona cuando tú sumas de individualidad al conjunto del árbol familiar. Ellos salen a través de ti al mundo y sanan sus heridas, pero no siempre van a estar dispuestos a ello porque significa cambios y reconocer verdades y ahí es donde la familia te sientes como una amenaza.

Ahí es donde te colocaron a que no pienses a que no digas lo que piensas a que no expreses, especialmente el enojo el llanto, sino que seas una niña perfecta que nos de problemas.

Pero ahora que has viciado la búsqueda sobre ti misma, ya no te conformas con dulce de amor o con un pseudo amor, ahora elige ser una mujer completa que participa de amarse que está trabajando para recuperar su confianza y que quizá en un tiempo recuerde su verdadera identidad.

Así que aquí te dejo los ejercicios para empezar a desarrollar a esa del centro interna, y darte esos cuidados que te devuelvan a la alegría, al reconocimiento, a la relaciones y a la salud física.

Entonces los sueños de la niña interior serán reales, no serán ilusiones que las condiciones.

PRÁCTICAS MODULO 2

Módulo 2 2.1.- Primera reflexión

Cuando nosotras miramos a otro lado, pocas veces lo hacemos para huir. La mirada hacia otro lugar no separa del dolor tan profundo, que nos produce la dualidad.

Por eso, en ocasiones, nos disociamos, nos separamos del cuerpo emocional, del físico. Hasta que no viene una crisis profunda de llamada de alma, no tomamos conciencia, de cuántos años llevamos separadas.

La hipersensibilidad y la naturaleza de nuestra niña interna, hace que, a veces, cree mundos imaginarios, se los crea, y se refugie en ellos.

Ahora no es tiempo de enfadarte contigo misma, ni de juzgarte por las emociones que generaron esa separación.

Por ello, todos estos años has estado integrándote a ti misma, experimentando muchos despertares, algunos espontáneos, y otros forzados por la vida, pero que formaban parte de tu plan de alma.

En algunos, habrás encontrado respuestas, qué te han hecho cambiar profundamente.

Ahora se junta el despertar global y el despertar individual, en ocasiones produciendo un cansancio extremo, al estar forzada a cambiar lo que es falso en el exterior, o lo que no quiero cambiar dentro de mí.

Especialmente cuando estoy en el proceso de dar luz,

sabiendo que no va a haber ninguna cosecha ni ningún cambio, porque estoy dando amor, para que, dentro de algunas encarnaciones o tiempo, ese ser de luz comprenda.

Esto hace que estemos cruzando este proceso, desmoronándonos nosotras mismas, al punto de dejar de confiar en el proceso que vivo.

Vamos a adquirir herramientas para tomar energía, cuando caigo en ese desaliento.

Respóndete primero a una observación: ¿cuándo estoy realmente agotada, a veces, es fruto de lo incómoda que me siento ante lo que sucede?, estaría muy bien observar que hago cuando me siento incómoda:

¿Me paralizo, siento rabia, me desconcierta?, ¿Lucho, me transformo yo haciendo ver que no está pasando?

Mira muy adentro, y toma conciencia de si estamos realmente evitando vivir plenamente la vida, para no vivir el dolor de la dualidad.

Cuando hayas respondido dentro de ti, escríbete una pequeña nota amorosa, en la que te recuerdes que tú no eres eso; donde le recuerdes a tu cuerpo emocional que has empezado a creerte, a ponerte voz, y que ya no vas a permitir que el mundo exterior te cuestione; explícale a tu niña interior lo que forma parte de ti y lo que no, y quién eres ante eso.

Aunque a veces el camino parezca duro, no lo estamos haciendo solas. Trazamos a todos los detalles antes de venir, incluso la soledad aparente que atravesamos cuando caemos en agotamiento. Apreciemos ese cuerpo físico tratándolo con amor y amabilidad.

Demos una mirada a nuestros sentidos, y veamos si realmente estamos escuchando nuestra intuición, o solo a las emociones.

Cuando tengamos clara esa realidad, podremos trabajarla en profundidad.

Ahora, simplemente se trata de recordar en un mensaje, que tú no eres ese vacío energético, y retomar las riendas para caminar.

Módulo 2. 2.2.- Segunda reflexión

En este periodo, vamos a trabajarnos por todos los momentos que vivimos el poder al exterior, sólo que lo vamos a vivir como un desafío, para entrar en nuestro poder, no cómo un ir a mirar el pasado, sino buscar donde realmente estábamos seguras, al estar viviendo.

La vida, en los últimos años, nos ha llevado a liberar importantes relaciones karmicas, y también memorias de nuestro cuerpo físico, para poder reestructurar todo tu sistema nervioso, y con él toda la conducta de nuestra conciencia.

Ahora, este recalibrado se ha convertido en una herramienta, el que la mujer que hay dentro de ti hace, poder sacar su energía en cualquier situación, especialmente en aquellas que no hay un intercambio recíproco.

En los próximos tiempos, cada vez que la madre Tierra hace un salto de energía, tú como su hija y representante en el campo humano, recibirás un llamado de la madre Tierra, para dar un paso más profundo en tu propio dominio.

Algo así como si se moviera tu ubicación en el planeta, muévete hacia la que tú eres cuando sientas incomodidad, es una forma en la que el corazón demuestra que estás presente.

Caben todas las posibilidades, para que nos construyamos a través de nuestras elecciones.

Hoy vamos a empezar por recordarle a nuestra niña interior, que las cacerías sobre ella, todas esas heridas que aún tiene, terminaron hace mucho tiempo, solo las recrea por falta de comprensión. Muchos de los personajes de aquello que nos limita hoy, ya no están ni con vida.

Vamos a pedir una frecuencia de luz naranja, pedirle a madre Tierra que nos mande esa energía ancestral, desde el núcleo de la Tierra, la frecuencia de luz sube a través de nuestro canal, por todos los chakras, hasta más allá del chakra corona, y se reparte a nuestro alrededor. Respiraremos varias veces, generando un vacío del divino femenino, una gran esfera de luz con nosotros en el interior; respiraremos varias veces, mientras ésta se consolida.

Sacaremos una tiza, del color que cada una sienta, y vamos a escribir en las paredes de esa esfera algunos nombres, algunos hechos, algunas emociones, aquellas que creemos que aún están en nuestro segundo chakra, seamos sinceras: miedo a mi propia sexualidad, cansancio por el pasado, tristeza de corazón, enojo por no escucharme a mí misma... todo aquello que nos venga a la mente.

Mientras vamos escribiendo, iremos generando un vacío en nuestro interior, porque al ponerlo a nuestro alrededor, se vacía el interior de nuestro corazón, al escribirlo le damos forma y voz.

Dediquemos unos minutos a identificar esas primeras partes de mí, que se van transformando, a medida que les pongo nombre.

Ahora observamos todas esas palabras escritas en la pared, sacadas de mí como un adolescente que le grita al mundo que está enamorada, encerrada en el váter del colegio, o que pone lo mucho que odia a su amiguita.

Mi voz y mi huella ya están el mi exterior, ahora respiramos profundamente nueve veces, pidiéndole al universo una fuente de luz violeta, que va entrando por mi octavo chakra, unos cinco cm por encima del chakra corona, y que rige todo mi sistema de intercambio neuronal, voy viendo como sale y está bajando a través de mí, y para que mandara todo ese personaje, que le ha dado fuerza a esas palabras, a esos miedos, a esos hábitos.

Voy mirándolas, y voy recibiendo a través de todos mis cuerpos, y del chakra, la energía en mi corazón, que va deshaciéndose a mi alrededor, y va deshaciendo la esfera de luz naranja. Respiramos muy profundamente de nuevo, hasta que veamos cómo se desintegra toda la esfera y es ocupada por mí luz violeta. Con ella se evaporan también las frecuencias que estaban en mí, y que, aunque las haya trabajado emocionalmente, aún tenían peso sobre mi libre albedrío.

Respiro de nuevo varias veces, en tanto veo como toda esa esfera de luz se desvanece. Ahora si hay un espacio vacío en mí, para albergar mi nuevo yo.

Es ahí donde ahora declaro o decreto, cuando esté envuelta del todo en luz violeta:

Le pongo intención final a ese espacio,

Soy una mujer preparada, para recibir lo nuevo.

Así de simple, repetimos tres veces ese mantra, y permitimos que la energía fluya en nuestras células y en nuestros cuerpos, respiramos muy suavemente, y nos permitimos integrar toda la fuerza de este vacío regenerador, en el conjunto del elemental del cuerpo.

Después, cada una de vosotras se va despertando, muy humildemente, para llevar a cabo, la actividad necesaria para ser nosotros mismas.

Así de sencillo es soltar los tiempos, que ya fueron en mí.

El ejercicio se puede repetir. Yo, por ejemplo, a veces lo hago durante una semana y permito que la tierra me traiga: las sorpresas, el empleo, la realidad que debo afrontar ahora.

Módulo 2. 2.3.- Tercera reflexión

En este periodo vamos a trabajarnos, por todos los momentos que vivimos dando el poder al exterior. Sólo que lo vamos a vivir, como un desafío para entrar en nuestro poder, no como un ir a mirar el pasado, sino como buscar donde estábamos seguras, al estar viviendo.

La vida, en los últimos años, nos ha llevado a liberar importantes relaciones karmicas, y también memorias de nuestro cuerpo físico, para poder reestructurar todo tu sistema nervioso, y con él, toda la conducta de nuestra conciencia.

Ahora, este recalibrado se ha convertido en una herramienta, por la que, la mujer que hay dentro de ti, puede sacar su energía en cualquier situación, especialmente en las que no hay un intercambio recíproco.

En los próximos tiempos, cada vez que la madre Tierra haga un salto de energía, tú como su hija y representante en el campo humano, recibirás un llamado de la madre Tierra, a dar un paso más profundo en tu propio dominio.

Algo parecido a como mueves tu ubicación en el planeta, muévete hacia la que tú eres cuando sientas incomodidad, es la forma en la que el corazón demuestra que estás en un viejo modelo de vida.

Cabemos todas las que, positivamente, nos construimos a través de nuestras elecciones.

Vamos a empezar hoy por recordarle a nuestra niña interior, que las cacerías sobre ella, todas esas heridas que ella aún tiene, terminaron hace mucho tiempo, solo las recrea por falta de comprensión.

Muchos de los personajes de aquello que nos limita hoy, ya no están ni con vida.

Vamos a pedir una frecuencia de luz naranja, pedir a madre Tierra que nos mande esa energía ancestral, desde el núcleo de la Tierra; frecuencia de luz que sube a través de nuestro canal, por todos los chakras, hasta más allá del chakra corona, y se reparte a nuestro alrededor; respiraremos varias veces, generando un vacío del divino femenino, una gran esfera, de luz con nosotros en el interior, respiraremos varias veces, mientras se consolida, y sacaremos una tiza, del color que cada una sienta.

Módulo 2. 2.4.- Cuarta reflexión

¿Empatía u olvido de ti misma?

Cuando una persona empática está enraizada, su sensibilidad no la separa de los demás, al contrario, le permite leer todas las emociones almacenadas en los demás.

Pero, cuando no te responsabilizas de ti misma, tu mayor don que es la empatía puede transformarse en un conflicto, pues no siempre vas a comprender para que estás acompañando esa emoción de otros, si puedes hacerla tuya, o solucionar todo lo que experimenta la otra persona, animales o lugares.

En ocasiones, la hipersensibilidad es tan grande que no te permite estar en un lugar lleno de gente, porque tienes demasiada actividad mental para leer, y el colapso emocional se asemeja a una crisis de ansiedad.

Cuando una mujer está enraizada y trabaja desde su centro, todos los estímulos que llegan a su vida cotidiana la ayudan a elaborar nuevas formas de vivir, más amplificadas.

Cuando la empatía nos desborde, estamos en la niña interior.

Cuando la empatía está en el centro del punto del alma, podemos entender todo cuánto nos rodea y, además, elaborar progreso para todos los que nos rodean.

La empatía siempre nace de una experiencia vital, después de haber tenido algún cambio brusco o traumático en nuestra vida, especialmente en la niñez, y abre el observar cómo fluye la vida y nos ayuda a comprender si una persona está en una buena seguridad, o si una está sufriendo.

Lo que determina que esa experiencia vital nos ayude, es haber resuelto el dolor del propio hecho experimentado, lo contrario va a desbordar todo cuanto suceda a nuestro alrededor.

La diferencia es entre observar y aportar, o aferrarnos a salvar todo cuánto sucede y acabar totalmente agotadas, desorientadas, confusas y saturadas.

De ahí la práctica de hoy, donde aprenderemos a mirar qué es nuestro, y que no nos pertenece.

Tener una empatía desarrollada no es excluyente de la vida cotidiana, permite asistir a fiestas, eventos, incluso en lugares muy amplios.

Podemos transmutar toda la energía, sin que pase por nosotras. Lo que hace que pase por nosotras, es el victimismo de la niña interior.

Para ello hemos trabajado este tiempo, ordenando a esa niña, especialmente ahora con su energía de abandono.

Así que, ante un nuevo hecho, esta sensibilidad tiene que plantearse:

¿Qué me pertenece y qué no me pertenece?

¿Cuánta energía puedo gestionar hoy, si me ha llegado algo muy fuerte como un incendio, un atropello, etc.?

Y buscar en seguida una disciplina, que me ayude a ordenar las emociones.

Es tiempo de caminar desde el corazón, sin huir de aquello que nos resulta incómodo, no caminando a su lado y aprendiendo de esa incomodidad, sino cómo transformarla y transformarme yo en ella.

Cuando la niña interior está desbordada y se siente hipersensible:

¿Tiene miedo a establecer límites?

¿Recibe relaciones de codependencia?

¿Se estanca nuestra alma, nos agobiamos por lo que sentimos y, lo peor, pensamos que es la única opción?

Todas hemos estado en ambas polaridades, a veces en una, a veces en otra.

Por eso hoy te invito a que hagas una lista de al menos cincuenta cosas, por las que vale la pena ser sensible, vale la pena emocionarse.

Recuérdale a tu niña interior que tú eres vida, y que, si te mantienes bien enraizada, todo lo que venga lo vas a poder transformar, sacarás mucho bien de ello.

La vida no es una carrera, la sensibilidad no es un obstáculo, los temas del mundo que no te PERTENECEN, sí pueden ser un estímulo para que tu sensibilidad vea soluciones donde otros no las ven.

Módulo 2. 2.5.- Quinta reflexión

Hoy decreto con amor que cierro la puerta a mis clanes, hoy desde mi más profunda conciencia, agradezco todo lo vivido y todo lo aprendido.

Abro mi sistema celular a la energía universal, y enlazo con la nueva línea del tiempo.

Hoy me permito incorporar la conciencia de unidad universal, dejando atrás aquellas batallas y laberintos que no me pertenecen, en los cuales elegí nacer para formarme y comprender mi humano, los bendigo y amo profundamente, por el papel que han jugado en mi desarrollo como alma.

Hoy soy yo, con amor, en mi yo biográfico. Hoy me anclo, con amor y conciencia universal.

Gracias amada Tierra, por la oportunidad de crecer en tus brazos. Gracias, padre Universo, por sostener mi conciencia durante miles de años.

Hoy decreto que soy una con la fuente interna de luz y amor de mi propio corazón.

Módulo 2. 6.6.- Sexta reflexión

Aunque no lo creas, la pasión es la fuerza de la ira convertida en amor.

Cuando una mujer vive al máximo toca su realidad en el día a día, es decir, se atreve a sentir por sí misma la frustración, la desilusión, el miedo..., es capaz de dejar de ser una víctima, para ser una diosa.

Ese día, deseas ordenar por ti misma, desde tu espacio, hasta toda tu vida.

Actualmente ser coherente está pidiendo tu cuerpo y tu alma, que te transformes en tu vida.

La emoción que a veces estás sintiendo que aún surge, y crees que no has avanzado, si la miras con otros ojos ¿qué te está diciendo realmente?

La Tierra es nuestro reloj, y nos pide que empecemos a entregarnos al femenino, que restauremos la fuerza de trabajar con la Gran Madre y dejemos la voluntad individual, ya que muchas veces la voluntad individual es simplemente un deseo.

Estamos refugiados en otras personas, incluso para recargar nuestras reservas energéticas, y también en la madre naturaleza, y pedimos un abrazo, aunque sea de nuestros hermanos animales, porque necesitamos amor y compañía, o el apoyo de los demás, tanto emocional, como físicamente.

La mujer que está en el mundo, la mujer que construye su camino hacia la unidad es la que tiene la fuerza de sostener su visión, que sabe positivamente que debe hacer el trabajo diario de transformar las barreras, tanto personales, como ancestrales o colectivas, para ir de la sombra, la herida, y la separación, a sí misma.

Si has podido responder a las dos preguntas anteriores, estás invitada a reunir el valor para soltar, de una vez por todas, tu auténtica coraza.

Puedes decir simplemente "lo siento", a ti mismo o a los demás, y aprender a marcharte del conflicto y la opresión, sea tuyo o sea heredado.

Así que te invito a hacer esa lista, muy especialmente de tus defensas de cómo te has defendido del error del pasado y te pidas perdón por cada acción que ha empeorado esta situación para ti misma

Escribe una pequeña nota a tu niña interior, mostrándole que tenía razón, que la acción que tomaste sobre una pareja, un empleo, papá, mamá, una muerte, una alegría, no fue precisamente el camino más fácil para ambas.

Explícale que, en los momentos más normales, los desafíos pudieron contigo, pero que ahora has aprendido a liberarte a ti misma desde el interior, y a poner tiempo para las respuestas, de forma que las cosas ya no se compliquen más.

Cuando hayas terminado la carta, y todas las explicaciones, que igual te toman dos o tres días, cuéntale cómo van a ser guiadas ahora tus costumbres, dónde vas a actuar, qué caminos diferentes vas a tomar, si se repiten las mismas pruebas de alma.

Explícale a la niña cómo te sientes llamada a trabajar de una forma diferente, o más consciente.

Módulo 2. 2.7.- Séptima reflexión

A día de hoy, ya no podemos decir que no tenemos la conciencia suficiente, para estar en presencia aquí y ahora.

Cuando la mujer se encuentra en el estado de la niña herida, es cuando sigue trayendo el pasado al presente.

Los cuerpos sutiles son totalmente independientes, saben que tienen que estar en presente y en presencia.

Por eso nace en tu interior esa lucha que te ha acompañado en este viaje, durante mucho tiempo, a veces aún te tira hacia atrás.

Para poder salir adelante de esta situación, tienes que aceptar tu auténtica humanidad, aceptar tu cuerpo físico de mujer, y la sabiduría que está en tus células, cuando te permites recibirla.

Hoy vamos a hacer una reflexión sencilla, sobre tus hábitos, para saber hasta dónde honramos nuestro cuerpo.

¿Usas la comida como una forma de controlar la vida, para gustar a los demás o para tapar tus vacíos?

¿La usas por miedo a no ser lo suficientemente espiritual, o la usas por las creencias del mundo estético?

Somos lo que comemos, y lo que nos comemos, ansiedad, dolor, tristeza, cómo se cocina, si es procesado.

¿Cuánto tiempo te das para amar tu cuerpo?

¿Importa si estamos gordas o flacas?

¿Nos damos una buena ducha relajante o masaje con crema?

¿Caminamos descalzas por el bosque?

¿Cómo llevamos el ejercicio, el baile, el gimnasio, el caminar, o simplemente celebrar que puedo moverme?

¿Alguna vez te has parado, tres minutos, a verte ante el espejo?

¿Te has mirado a los ojos, para que desaparezca tu imagen y aparezcan todos tus pensamientos?

¿Cómo serían esos tres minutos, te amarías o te reprocharías algo?

Es, simplemente, ponerte delante de un espejo y mirarte a los ojos.

El resto de este fin de semana, toma conciencia de hasta donde honro mi cuerpo, como es la incomodidad ante mi propio cuerpo, para ver todas las creencias que tengo sobre mí misma, y te ayudará a pasar de la negación de ti misma, a la aceptación.

Es más, ¿serías capaz de estar tres minutos mirándote a los ojos?, al principio no, nadie puede aguantarlo.

Inténtalo y averigua a quién estás entregando tu poder, a través de las imágenes y pensamientos sobre ti misma.

Haz un balance real de que, a partir de hoy, vas a ser tú, y toma conciencia de que quién más se rompe eres tú misma.

Enraizarse en el presente, es la libertad de toda mujer.

Módulo 2 2.8.- Octava reflexión

Cuando una mujer ama su vida y se siente segura, no tiene tiempo de estar asustada, porque la persona consciente, hace un balance ante cada cambio de su vida, unas vacaciones o algo que sea muy nuevo, y sabe, intuitivamente, que eso la va a transformar por dentro.

Una mujer que está en conexión con su corazón, cuando la vida le trae una puerta de no retorno, lo intuye y lo sabe.

Por ello, es muy importante ser amable con el proceso de reconocer que estás asustada, pues esa transformación es parte de ti, y cuando ocurra, aun es más importante ser honesta con tu propia vida, y darte cuenta de que te asustó, de que estás sintiendo, de que estás a punto de darle más de ti: a una persona, pasión, acción, empleo, situación...

La alarma interna está en un punto de que, aquello que elijas, va a hacer de ti otra persona diferente, y te asusta caer en una trampa sofisticada, que vuelva a dejarte sin libertad.

Si sacas tu voz y explicas la verdad ante el reto, no tendrás que ocultar nada y la energía dará el mensaje a tu cuerpo, lo mismo a tus sentimientos y a tu realidad.

Esa forma que interpretamos como susto, es en realidad afrontar aquello que aún nos intimida un poco, y lo bueno y maravilloso de ello es que me he dado cuenta por mí misma, y por eso siento esta agitación.

Así que hoy te invito a que pienses en una situación o persona, que aún te intimida un poco.

Y le contestes a tu corazón, diciéndole:

¿Qué vas a permitir que suceda? ¿Qué partes de ti vas a mostrar?

¿Se te va a escapar, o no, alguna justificación?

¿Hay algo que te impida dejar atrás esa situación, persona o trabajo?

¿Pasas de que intenten controlarte?

Tú eres luz, y esa luz que has trabajado para llegar hasta aquí, ya no se la vas a regalar a nadie, ya no vas a gastar más energía en ocultar partes de ti, vas a trazar un plan de aquellas partes que quieres mostrar, y de aquellas que son tu trabajo personal, y que irás asumiendo poco a poco, y por tanto no vas ni a justificarlas, ni a criticarlas.

Es tiempo de amarte a ti mismo, y permitir que nada te impida acceder a tu poder, piensa en ello y redacta tu primer plan de exposición de tu propia luz.

MÓDULO 3: CONVERTIRSE EN MUJER

Convertirse en Mujer

Somos "mujeres humanas". Ser mujeres humanas significa que desde que nacemos hasta que morimos podemos hacer cosas maravillosas y también equivocarnos, sentirnos poderosas y también vulnerables. Sentir es algo femenino..

Pero hay cosas que no podemos suprimir de nosotras porque somos de carne, hueso y alma. Por eso somos humanas y mujeres, y es muy importante aceptarlo al emprender este camino de autoconocimiento.

El camino de conocernos nos lleva a descubrir, sorprendernos y emocionarnos con los distintos rincones de nuestro mundo interno que es el espacio que ocupan todos los deseos, miedos y posibilidades conscientes e inconscientes de nuestro cuerpo, mente y corazón.

Ser mujer es una construcción de toda una vida y conocernos es un trabajo activo diario, El inconsciente es como un océano, en el que vive en cada una; y es distinto en cada mujer que habita este planeta. Es un espacio vivo y profundo que nos mueve, aunque no nos demos cuenta.

En él se encuentra lo más auténtico de nosotras: nuestros sueños, historias, deseos, heridas y miedos. Todo lo que se escribió en nosotras, en nuestras vidas y tiempos en otros planos, tanto para bien como para mal, aunque lo hayamos olvidado, se repite hoy en nuestros actos a través de los movimientos que él genera.

Mi universo rojo

Aún a día de hoy, miles de mujeres no conocemos nuestros

ciclos menstruales y el gran potencial que nos dan, el magnífico trabajo de Miranda Grey, en sus libros. ......

Pero sociológicamente ¿cómo enfrontó en una sociedad , masculina en cuanto a ritmo de progreso estar en unión a todos ellos?

¡Es un proceso biológico y físico cítrico que afecta a los cambios hormonales, y que tiene una duración de un promedio de 28 días, que puede variar, según las mujeres entre 21 o 35 días

Tiene cuatro fases, la menstruación, la folicular, la ovulatoria y la lútea.

En el mundo ancestral reciben estos nombres@@@@@

En el mundo científico está claramente demostrado que existe trastornos mentales, directamente potenciados por los ciclos menstruales debido a la liberación brusca de hormonas

Pero ella no significa que todas las mujeres deban tener trastornos psiquiátricos, ya que algunas de esas movimientos de sensibilidad potencian los cambios de inteligencia emocional en muchos de ellas.

Con lo cual es mayor tabú de que las mujeres estamos locas, puede quedar perfectamente atrás. Una cosa es que el ciclo hormonal influye en los estados de ánimo y otras cosas que genere: Ansiedad.

Cuando ella corre, es porque hay un rechazo evidente y profundo a ser mujer, que proviene de todo el transgeneracional, más las memorias de ADN y las condiciones socioculturales, del instante en el que estamos viviendo.

La ciudad es una gran amiga, la doctora Tracy A. Dennis-Tiwary, desarrolló la tesis mostrando cobran, será, nos protege y ensalza las facultades de crecimiento personal

Es cierto que surge momentos de mucho estrés y miedo, pero es una emoción que nos para tu futuro y nos obliga a ordenarlo y a mejorarlo. Por ello podemos decir que la ansiedad: pone en tela de juicio aquello es lo que creemos y vamos a hacer; o lo que negamos como verdad y está delante nuestro para que saquemos nuestra fuerza interior.

En el caso de nuestra guía interior, asustada por el cambio a Mujer, asociada, mucha falta de información sobre lo que está sucediendo en mi cuerpo o lo que va a significar a partir de ahora. Es muy lógico que se produzca la ansiedad y el temor a ser mujer.

Y por ello vamos a trabajar como lo recibimos como nos cambió la vida y cobros afecta aún hacía de hoy; incluso si hemos dejado el periodo menstrual de para tener la menopausia, que también aporta un montón de mentiras, tabús y roles sociales, condenatorios a la mujer que teóricamente ha envejecido y ya no es útil.

Atreverte a sentir placer, es cómo sanas toda la energía de abuso y maltrato.

El placer, es aquello que no imaginamos que está en nosotras, existe un cuerpo del placer, que almacena hormonas, que nutren a todos los órganos de nuestro cuerpo y a la vitalidad.

Y solo se despliega, cuando una se siente segura de sí misma o de lo que está haciendo, lo que nos lleva a estar receptivas, para recibir.

El problema es que no estamos programados para recibir placer, en el momento histórico actual, hasta una sonrisa, es casi una anomalía, intentad reír por la calle y todos os miraran, es tanta la represión del placer, que desarrollamos los seres vivos adicciones, por tener un instante de placer, que perdemos en el miedo a Ser descubiertos.

La capacidad de abrirse y recibir ¿Puedes ser receptivo a los cumplidos? Es el barómetro de cuan asfixiada se encuentra tu energía femenina, la capacidad de recibir, sin huir, mientras recibes... El poder femenino divino es el poder sanador del amor. Se cultiva a través de la creación de un sentido sagrado de amor propio y respeto propio por tu cuerpo, y como nadie se siente seguro ni de su propio cuerpo, cada vez la capacidad de recibir en mi se va mermando, una y otra vez.

Son tantos rostros tantas ocasiones, estabas tan cerca de nosotras mucho más de lo que creíamos, pero no sabíamos un nombre hasta que alguien nos dijo eres una mujer maltratada.

Fuiste una niña maltratada.

Recuerdo cuando hice mis estudios para trabajar con menores y me di cuenta de que todo lo que había superado no era todo lo que yo había vivido, sino que había muchas más cosas de Maltrato tipificadas por la ley, que les damos por normal es en muchos hogares. Generación tras generación.

El Maltrato no tiene por qué ser un golpe físico, son una serie de procesos que van hundiendo y vaciando la confianza de esa mujer o esa niña segura hasta que puede sentir que todo es un mundo se cayó.

Normalmente, cuando tomamos conciencia de ello, la situación que vivimos ya es devastadora. Por amor tendemos a justificar las actitudes y esperar que las situaciones, las palabras los actos cambien.

Es como una gota de agua que rompe el muro, va haciendo a pedazos nuestra alma y anula totalmente tu sistema neuronal, tu capacidad de reaccionar y pasan años hasta que nos reconstruimos.

Científicamente hasta se ha podido probar el nivel de cortisol, en analítica a las mujeres que tienen un maltrato muy elevado por el estrés que ocasiona el tener que callar, ocultarse esconderse para no provocar una crisis.

Hay muchos años en los que se está demostrando que también hay hombres muy maltratados. El maltrato no es un tema de género. Es un proceso enfermizo de una persona herida y que transmites oscuridad y ese dolor a los que le rodean para que sean tan infelices como él o ella.

En ocasiones, se retroalimenta creando relaciones de codependencia, que nunca terminan bien especialmente en nuestro interior.

Cuando somos conscientes de esto, es masculino, y el femenino, no saludables pueden sanar, pero solo tú. Que eres que no tomando conciencia de ello.

Cuando somos capaces de levantarnos de ese proceso de anulación de nosotros mismos, por miedo a un perpetrador. Que no siempre es alguien externo pueden ser nuestros propios padres, nuestras parejas, nuestros hijos, entornos adictos....

Seremos capaces de identificar donde nos están apagando la energía.

Nuestra parte sana masculina tanto en hombres como mujeres nos va a ayudar a: dejar de juzgar, a crear ambientes seguros para nuestro desarrollo.

A medida que cures el maltrato, te sorprenderás como dejar de tomarte las cosas personalmente y cuanta fuerza tienes para ser disciplinada, darás mucha prioridad a tu integridad encontrarás cómo está el servicio y sobre todo verás que no te distraes de aquello que te propones.

Justo todo lo contrario que quiero maltratador de ti, porque lo que desea es que no enfoques que no cambies que no crezcas, ya que si lo haces puedes cambiar el mundo.

Cuando podemos empezar a sonar el femenino lo primero que ocurre es que dejas de buscar la validación externa, te das tu lugar y te vuelves más amorosa contigo misma.

Puede que a veces se desborde las emociones, pero Susano, porque son emociones y deben brotar.

Notarás enseguida energía de manipulación, de control y de crítica. Ya me dirás qué te curas te sentirás más intolerante con ellas.

Tocando mental, estará mucho más tranquilo no necesitarás estar todo el día defendiéndose de justificándose, ni pagando con cualquier tipo de adicción la ansiedad, y no me refiero a drogas la adicción puede ser desde comprar compulsivamente hasta cambiar de vestido 100 veces, todo aquello que hago para sentirme más fuerte o más bonita o más valiente de lo que es la vida en este momento de mi vida.

Es importante que recuerdes que el maltratador no tiene nada contra ti, que es lo que le agitas, tu inocencia, tu alegría y tu fuerza no puede soportarla y por ello la rompe para que no brilles, pues tu luz le recuerda las arias de su vida que debe afrontar.

Podríamos escribir un libro entero de las sutiles formas de maltrato psicológico, verbal y violencia, desde que somos bebés hasta que tomamos conciencia de ello.

Aquí solo vamos a trabajar, como reconocerte en él para poder volver al cuerpo de la alegría y el gozo

Y es importante que esté aquí, porque justamente cuando una niña se transforma mujer es cuando empieza el mayor miedo y todos los tabús y maltratos asociados directamente con la sexualidad.

Reconectar con la fuerza tras el abuso

La mayor fuerza que tiene el divino femenino es la capacidad de mirar hacia dentro, de renacer, al igual que cuando traemos un hijo al mundo. Esos periodos en los que nos encerramos en nosotras mismas para poder trabajarnos emocionalmente.

Bien, pues cuando una niña hace el cambio adulto, también

tiene la capacidad de sanar su sexualidad. Incluso si ha sufrido abusos de cualquier tipo.

Pero para ella primero tendrá que asumir sus sentimientos, sus necesidades y sus proyecciones o deseos.

Y el ciclo menstrual jamás tiene que doler. Cuando presenta dolor es porque algo dentro de ti está expresando el pánico a ser una persona cíclica.

El pánico a expresar la vida a ser vista mujer a coger la fuerza de una madre o a salir al mundo para proteger a otros.

Todos los miedos, dolor y heridas de vergüenza se cierran en los estados hormonales del tiempo menstrual.

La Sexualidad es la capacidad de abrazar la vida y de ser abundante. Por eso siempre culturalmente se mutila. Se ensucia con culpas y pecados. Para que un ser no alcanza la mayor libertad, que es la capacidad de recibir a otro ser en libertad.

Y no solo a la sexualidad, las personas que reprende el servicio sexual, a veces obligadas por la familia, la religión o las circunstancias tienen severos problemas para jugar para reír para disfrutar de una merienda sin sentir que está perdiendo el tiempo

El cuerpo del placer no solo hermoso sexual, es la libertad de la gratitud que abre el camino a una mayor prosperidad.

Y para poder jugar la niña interior ha tenido que expresar por lo menos sus heridas, aunque nos vaya curando poco a poco y bajar su nivel de crítica y exigencia, sobre todo la de la responsabilidad que le han dado otros o sea cogido a ella para evitar males mayores ,que bloquean la libertad y la inocencia de niña .

Culturalmente nadie nos ha enseñado amar nuestro cuerpo, ni siquiera reconocerlo.

Muy pocas mujeres, conocen sus zonas erógenas, y muchas menos se atreven a compartirlo con sus parejas.

Parece que pedir placer es algo indigno, parece que reír y divertirse molesta, socialmente.

¿Cuántas veces te has atrevido a caminar descalza?, Recuerdas cómo te sentías, bailando, descalza, jugando en un charco de agua. Hasta que alguien vino a decirte que eso no está bien, que podías constiparte, que te ensuciabas, que estabas loca.

Pues imagínate a nivel de libertad, de exponerte libremente a otro ser, y que al hacer el amor sientas la paz de estar recibiendo una alma.

Dos prácticas que pueden ayudarte:

Una de las terapias más beneficiosas para borrar la memoria del abuso, incluida la del abuso sexual.

Es la sanación con la esencia de rosa. Lo he utilizado durante muchos años en mí y en niñas.

Ayudándonos a ir integrando la fuerza personal y comprendiendo que solo somos una víctima de un proceso.

La Rosa, además nos ayuda a unificar el físico y el mental,

actuando como un magnífico antidepresivo, con una esencia relajante que te va a permitir, expresar lo que aún no te atreves, y sobre todo nos va a ayudar a unificarnos con el momento del nacimiento, que a veces debido al maltrato recibido, deseamos incluso no vivir.

Es tan sencillo como preparar las siete de Rosas casero con una base de aceite de almendra o argán.

Pero también comprar esencia floral de Rosas, la más pura que podamos, aunque es mejor en aceite.

Y ese Cete a la noche antes de ir a dormir, levantamos alrededor de nuestro ombligo, dando de 3:00 a 9:00 vueltas el sentido del reloj, y nos vamos a dormir, dejando que actúe.

He visto profundas transformaciones, incluso en niños con bulimia, que han ido serenando las emociones y han podido expresar su dolor al exterior.

Os lo recomiendo a todas yo siempre lo he usado.

Ya que nuestro ombligo es el cordón umbilical con la vida, pero también con el ser de luz y sigue vivo y nos une trascender acciones incluso cuando ya no está físicamente.

En segundo lugar:

Está la respiración del aliento de fuego, que es una respiración que viene del Pranayama, qué puedo ayudarte a desbloquear y a expandir tus células limpiando todas las emociones reprimidas y oxigenando la sangre en el cerebro, lo cual nos ayuda a calmar la mente.

EL miedo al Masculino.

Sanación con el propio padre, reconocer a un Masculino sano.

Meditación de restauración interna con el masculino.

Al respirar, centramos todo el foco de atención en el chakra de nuestro corazón; recibimos esta frecuencia y esta energía y permitimos que nuestro chakra del corazón se expanda, como una gran esfera que recoja nuestro plexo solar y nuestro chakra de la garganta.

Seguimos respirando y abrimos este espacio de luz y de energía, para recibir toda la conciencia de nuestro Yo Superior. Abrimos esa conexión, desde el corazón con nuestro Yo Superior, respiramos muy suavemente, y pedimos a nuestro Ser de Luz un rayo de luz magenta, ese rosa fuerte, ese rosa fucsia, que descienda en vertical hacia nosotros.

Respiramos de forma serena, y sentimos como una espiral de luz rosa desciende en vertical hacia nosotros, desde el universo hasta el chakra corona. Suavemente, permitimos que esa energía, a partir del chakra corona, vaya creando infinitos en horizontal, como una cremallera que va bajando hacia nosotros, y va iluminando el sexto chakra, el chakra de la garganta, el corazón, plexo, segundo chakra y chakra base. Respiramos, muy suavemente, sintiendo como energía baja a través de nuestras piernas, y a través del canal de luz entre nuestras piernas.

Permitimos que esa frecuencia se vaya uniendo en nuestro interior, como una escalera infinita de infinitos, hasta llegar al chakra estrella de Gaia.

Continuamos espirando dulcemente, y pedimos a esa frecuencia que se ancle en el núcleo de la Tierra, y se expanda a nuestro alrededor dejándonos dentro de una columna de luz rosa, la columna del rayo rosa magenta de la creación, de la fuerza y la capacidad para amar la propia vida.

Muy suavemente: pidiendo ahora madre Gaia, que por este canal de luz rosa que hemos creado, suba en vertical, hacia nosotros, un rayo cristal, un rayo de luz cristalino como un arcoíris, lleno de todos los reflejos.

Sentimos esa energía de la creación, que es la frecuencia cristal el divino femenino, suba a través de nuestro cuerpo, nuestros chakras y vaya a los huecos o a las heridas, que estén en nuestro campo emocional, mental o físico.

Ya vamos sintiendo varias veces y podemos sentir como se llegan estos cristalitos se funden con nuestros tejidos y se consolidan.

Para entrar en una comunicación muy profunda, con la esencia de nuestro ser y respiramos profundamente, de nuevo tres veces.

En este momento nos dejamos fluir, como cuando observamos el agua de un arroyo, qué suavemente vamos viendo un agua cantarina, poco a poco se va volviendo un espiral, el girar sobre sí misma va entrando dentro, eso espacio sagrado interno, que está el vientre de vuestra

madre.

Nos encontramos ahora, en ese lugar, como una observadora observador atento, estamos contemplando su primer momento, dónde se van a fusionar ese círculo llamado óvulo, con una gran cantidad de luz información, alimento, nutrición, preparado en este momento para recibir otro parte de información, para activar ese nuevo ser, sintiendo en este momento cómo avanza, va hacia ti, así hace círculo genera varias esferas, ese masculino que se convertirá, en el donador del 50% del material genético, que yo llevo ahora, y puedo observar desde la parte superior, cómo se va produciendo ese fenómeno, incluso puedo percibir la vibración y la canción original que estaba emitiendo el óvulo, en ese momento, puedo incluso percibir los colores, las ondas, frecuencias, los ritmos, qué el óvulo estaba continuamente emitiendo; y de esos visitantes que se están acercándose, vamos que hay uno que se identifica con esa danza, ese ritmo, ese espacio vibratorio.

Porque pertenece a otros espacios diferentes, percibiendo ahora su forma alargada, casi un óvalo y la gran cantidad de colores,, fuerzas, energías que están dentro de él, preparados para activar esa información, que, de lugar a un nuevo avatar, a ese avatar, a ese traje, que un día va a crecer, nacerá y luego se desarrollará fuera del vientre materno.

Respiro profundamente, y mi alma se traslada a ese momento dónde se está produciendo, ese contacto de unión, esa fusión, entra esa energía masculina que se va abrazando a esa energía femenina, como un gran sol, una gran esferas de luz, vibrante y en ese encuentro se fusiona en 1000 colores, y por eso puedo observar: cómo dentro de esa estructura inicial, comienza un proceso nuevo, de su división celular, generando un sinfín de cuerpos. Respiro profundamente y me observo...

Al respirar, puedo contemplar ese equilibrio armónico de las células, dentro de esa primer proceso de subdivisión celular, como cada una tiene una importancia tiene un equilibrio, y tiene una función, y ahora contemplando ese bello paisaje en equilibrio, puedo sentir la parte más interna de mí, aparte de la cámara secreta de mi corazón. Puedo ver la infinidad de potenciales, valores, herramientas, que me va a aportar cada uno de los dos elementos ese círculo: femenino ese óvulo activando vida y ese esperma formar parte de ese óvulo, me está creando a mí a mí misma.

Me tomo mi tiempo y respiro profundamente; enfocando en:

El primer momento de mi vida, que me aporta cada ingrediente; mi ingrediente femenino, siento que puedo conectar en este momento con mis ancestras y mamá, mis abuelas, bisabuelas tatarabuelas y así hasta la primera mujer que dio origen a mi linaje, al inspirar conecto con las más antiguas de mi linaje, con la aportación que me trae a este sistema familiar, que, escogido voluntariamente, para reparar y para trabajar en él.

Mientras respiro, abro mi percepción y a la vez me fijo en ese linaje de energía masculina: observamos como me llega ese primer momento, has encuentro con el potencial de la vida.

Me tomo mi tiempo para sentir el mensaje de ambas en mi interior, las dos frecuencias soy yo.

Mi cuerpo va sintiendo esa balanza del equilibrio entre el dar y el tomar, y ahora podemos sentir esa fuerza de la vida, esa fuerza que existe, ante esa fuerza que se convierte en un sinfín de estrellas, y ahí está es elemento masculino, que se asocia colaborar con ese elemento circular femenino, y ahora de esa fusión, yo estoy formándome, puedo conectar en este momento, ¿qué información traía yo a este sistema familiar? Me doy el tiempo para escucharme, para recordar.

Respiro profundamente y puedo decir que me acepto¡¡¡, pese a todo lo que hay y viví, acepto y acojo la vida, en mí.

Que me transformó, he venido aceptarme, transformarme en equilibrio, a poder abrir los ojos, y observar lo que hay en mí, si en este momento me llegan imágenes de mi sistema masculino paterno, simplemente me abro a observarlo, como una observadora desapegada, como un si me llega alguna frase, algún mensaje, que sea para el mayor entendimiento sin forzar nada.

Masculino qué forma parte de mí, fuera también transmitirme todo su proceso de vida, hasta mí misma hasta mí mismo, y ahí tomando una fuerte inspiración sentir esa fortaleza interna, esa sabiduría interna, de transformación y ahora en este momento, también puedo observar como todo yo se va transformando, cómo simplemente diciendo te acepto, llevo tu energía femenina y masculina, gracias a ustedes yo puedo surgir de la vida, gracias a vuestros códigos genéticos yo puedo surgir de la vida, gracias a esa fuerza de empuje inicial yo estoy triunfando en la vida.

Sintiendo lo más profundo de mí, cómo va esa inteligencia natural a modificar y armonizar mis células, al exhalar voy soltando, soltando, soltando. Todo aquello que me dañó y negué; que está en lucha conmigo misma, y es ya parte del pasado.

A medida que respiro, siento mi energía en equilibrio y ahora puedo decir te amo y me amo, te amo y me amo, te amo y me amo, porque tú eres yo, y yo soy tú, yo nací desde principio de colaboración entre el principio masculino y el principio femenino.

Respiramos profundamente, varias veces y dejamos que la energía brote por sí misma.

Al respirar, estoy tomando conciencia de esta colaboración me ha dado la vida que hoy tengo, y desde aquí pido esa fuerza original femenina y masculina, que colabore conmigo como una exploradora, interior para detectar esas cargas, si inconscientemente las tome al venir a este plano tierra. Y que no em pertenecen.

Me observo al nacer, respiro y puedo tomar la consciencia de cada una de las decisiones que asumí como feto o bebe; y transformar todo lo que suponga una carga, en mi vida y en la de mis seres queridos.

Permanezco en silencio y ahora tomando una inspiración suave y profunda: sintiendo un agradecimiento por este proceso y por este acto de amor por mí misma, continuo en estado de presencia continua, sintiéndome en este momento de viaje interno.

Respiro de nuevo, y ahora sí entiendo cómo van bajando los canales de luz, que van entrando en mí, como si fueran tirabuzones, rayos de luz oro dorado, liberando esa frecuencia de amor, ese sello de amor, dónde en este momento comprendo la importancia esa energía masculina y femenina, para mi configuración actual como ser humano.

Ese masculino en mí, esa fuerza creadora impulsora de vida, le doy las gracias esa fuerza benefactora ,y ahora también honro y acepto a mí energía femenina ,que me posibilita la creación el renacer de nuevo en mi vida, este ciclo que me va a posibilitar mi desarrollo y evolución personal , inspirando y dejando que bajen esos códigos, esas espirales de energía dorada, y van bañando todo mi cuerpo y vamos conectando con esa energía, al yo, que tengo ahora en este momento, voy sintiendo que junto es energía dorada también, va anclando otra energía rosa de amor ,florecimiento , y sentir al máximo.

Como si dos manos entrelazarán, puedo observar ahora mi masculino y femenino, colaborando, y admito que acepto en este momento esa colaboración, honesta, suelto

cualquier impedimento en mí aceptar la colaboración, honesta de esos dos principios cocreadores de mi realidad humana.

En el corazón cristalino interno que yo tengo, inspirando profundamente ese corazón se forma en tu pecho, al exhalar siento la fuerza de la vida m-impulsa le éxito aquí ahora.

Tomando toda esa energía para mí, llevando las manos a mi pecho, todo el aprendizaje esa energía primigenia masculina, energía primigenia femenina, sintiendo como las dos partes de mi corazón, colaborador, como mis dos pulmones, colaboran cómo mis riñones colaboran, y como todo yo todas yo colaboro, en este proceso y ahí aceptando esa realidad intrínseca.

Descanso y cuando asi lo sienta, voy tomando una inspiración suave profunda y conectamos con la planta de los pies.

Y asciende desde los pies a la cabeza y desde la cabeza, los dedos, las manos y ahora sentimos ese sol energético, vibrador, que va llegando en un rayo blanco dorado brillante de energía, y luego por la cabeza iluminando todo mi cabeza, cuello, ojos, oídos, boca bajando por el cuello los hombros brazos y manos, la columna vertebral, espalda, pecho, abdomen y cadera, piernas y pies, ahora en este momento de sinceridad conmigo misma, entregó a observarme en equilibrio.

En este momento que deba sanar lo suelto y lo entrego a esa llama el fuego purificador del masculino y femenino, avanza que ahora frente a ti, tienes una gran llama, la cual puede transmutar lo todo y como un acto de amor, ve entregando todas esas imágenes que te han condicionado en tu vida, ya sean discusiones, en realidades, en conflictos, en emociones.

Tanto con tu parte masculina, como con otros hombres o mujeres y han tomado esa masculinización, como única vía de vivir esta vida y déjalo en el lugar, que le corresponde.

Respira profundamente llenándote totalmente, despréndete de cualquier vibración, negativa si eres madre de algún niño también entrégalo en este proceso de equilibrio, visualizando como desde tu corazón, nace una luz de amor, que lleva a tus células una salud transmutadora y bañando esa energía masculina sana.

Respiras de nuevo y vas sintiendo esa energía que te baña en equilibrio; y sí has tenido alguna relación de pareja conflictiva, haces exactamente lo mismo, permite que sea del flujo energético de tu corazón, bañe a ese ser con esa energía de sanación masculina de cabeza pies. Si ha sido con algún compañero de trabajo, hermano, familiar padre abuelos tíos, haz exactamente lo mismo, permite que desde tu corazón salga ese flujo de energía, y los compañeros total y absolutamente, entrando en un campo de nueva dimensión.

Todo lo que necesites entregar a ese fuego que está frente de ti, en este momento.

Sentimos la fuerza de la madre Tierra, y sentimos ese aire fresco de la quinta dimensión el aire de la creación, energía que sube de la madre Tierra, nuestro corazón en nuestro corazón a nuestro chakra sexto y corona, qué sale radiante todo nuestro cuerpo, es un sol con nuevas energías que explorar y consolidad esperamos muy suavemente, y cada uno a su manera.

Vamos a pedir que esa energía de la madre Tierra, nos envuelva y recoja, nuestra aura al tamaño normal para ser nosotros mismos, pedimos que nuestro cuerpo se vaya consolidándonos para estar presentes ahora.

El respiramos poquito a poco ,agradecemos esta oportunidad de nacer de nuevo, en unidad ,en mi interior, respiramos muy suavemente, y vamos acariciando nuestras piernas con las manos ,sin abrir los ojos, acariciando nuestro entorno del ombligo, como el reloj vamos a reactivar nuestro chakra umbilical, le damos la nueva energía presente en mí, subimos la mano al timo al corazón y damos tres vueltas sellando esta nueva frecuencia en mi corazón, cristalino sentimos como gira sobre sí mismo , subimos la energía nuestra frente y damos tres vueltas ,en torno a la pituitaria para que ajuste estás parámetros de vida en mí, y cada uno como sientas, lleva la mano a la pineal a la nuca ,y da también tres vueltas en el sentido del reloj ,dando las gracias por el conocimiento que estaba guardado en mí, para el día que yo alcanzará este punto de conciencia.

De nuevo respiramos muy suavemente moviendo el cuerpo, jugando, bailando para que cada uno cuando se atreva pueda abrir los ojos, en amor a su vida.

Si practicas esta meditación una semana seguida, te sorprenderás como se transforma tu realidad.

PRÁCTICAS MODULO 3

Módulo 3. 3.1.- Primera reflexión

Vamos a empezar a cerrar este ciclo de reunirte con tu guía interno.

Ya sabemos cómo cambiar nuestra mente, y sentimos como sube la energía en tu cuerpo de mujer.

Incluso la mujer sagrada, puede construir su mini altar físico, creando un espacio sagrado.

Hoy vamos a sostener el foco.

Si el pensamiento de una mujer es como una percepción clara, y la mandamos callar o no confiamos en ella, no sabemos la historia; pero el pensamiento, ese aire fuerte que procede de la unión con el corazón, es el foco que nos ayuda a tener la percepción clara de las cosas; el gran don del divino femenino.

A veces, no te concedes tiempo para revisar y eliminar, regularmente, las asociaciones emocionales de tus pensamientos. Cuando entre ellos viene una certeza, la descartas, igual que a todo lo demás.

Hoy te invito a hacerte una pregunta:

¿Cómo calificarías tu valía personal?, ¿para para ser valioso realmente, qué crees que puedes aportar a la unidad?

No hablo de lo que piensen de ti, sino de lo que tú crees que puedes regalar al universo, ni hablo de lo que cambias, para amoldarte a la aprobación externa, sino de los recursos y la energía, que tienes tú en tu interior.

Cuando combinamos las creencias antiguas y las experiencias traumáticas, alimentamos el fuego del miedo, que nos lleva a desarrollar el campo mental, a un límite de creatividad impensable. Lástima que esa creatividad, no la usemos para aportar ideas al mundo.

Ahora es tiempo de abrir una puerta a la purificación de limpiar todo cuánto aún queda, en tus frases y en tu capacidad de verte a ti misma.

No te desanimes a la primera, el proceso de limpieza lleva tiempo; cuánto está en tu campo mental, lo has almacenado en esta vida y en las anteriores; la sociedad, la religión, los linajes...también lo han alimentado.

Por eso te vuelves a pedir, sin estar a la defensiva, ni necesidad de quedar bien, que definas lo más valioso que hay en tu corazón, y que puedes compartir con los demás, para que los demás brillen incluso más que tú.

Si sabes reconocer lo que tienes para ofrecer, tus pensamientos se convertirán en una oración diaria, que podrá ser por la calle, interactuando con lo que ves y bendiciendo todo a cada paso.

Si no alcanzas esa purificación mental, tiras mucha energía en seguir juzgando y defendiéndote.

Es tiempo de recapitular, y mostrar el auténtico vínculo energético que hay entre tú y la vida, limpiando todo lo que te aparta del momento presente, para que puedas recuperar tu energía, como la mujer que deseas Ser.

Módulo 3. 3.2. - Segunda reflexión

Nuestra mente trabaja mucho mejor, si tiene momentos de referencia de nuestro progreso, nuevas columnas o pilares, de nuestro camino de vuelta al corazón.

Nuestro cuerpo emocional también se expande cuando siente proceso, porque el universo entero es progreso y expansión.

El cometido del divino femenino es crear y expandir, de hecho, nos bloqueamos ante una situación que no nos permite progresar y avanzar, desde un comentario, a un gran trauma.

Por ello, te invito a responder estas preguntas:

¿Existe algún plan que sigues postergando?

¿Qué puedo crear que me acerque a ello, para que mi mente vea progreso?

Módulo 3. 3.3. - Tercera reflexión

Iniciamos un nuevo módulo, para que los recuerdos de tu vida se conviertan en tu propia sabiduría.

Tras integrar el masculino, sin rostros simplemente los regalos que nos ofrece, vamos a aprender ahora a que vinimos a vivir y a que renunciamos por formar parte de...

Para rescatar lo más importante en ti, la felicidad y la propia vida, en unión y armonía.

Socialmente, vida tras vida, aprendemos que pertenecer es abundancia y estar excluido es pobreza, es una ley de la naturaleza.

Por eso todos los seres, en todas las culturas, se unían en círculos o edificaban en circulo, para fortalecer esa abundancia.

Si observo la pertinencia como un sentimiento, sé que empezó en mi niñez, incluso antes del parto, pero emocionalmente, rechace una o dos de las energías que me crearon, femenino o masculino, o incluso las dos, que sería rechazar ser humano.

Ahora, desde una nueva visión, elijo pertenecer a ambas, y pertenecer al cuerpo que habito.

Vamos a hacer una lista de las emociones que he sentido, cuando fui excluida de algo, de alguien o de casa, las más profundas, unas diez más o menos.

Y voy a ser sincera conmigo:

¿Cómo me he sentido?

¿Cuándo me auto excluí a mí misma, o dejé de cuidarme, o de hablar lo que sentía, por cuidar y proteger a los míos, perjudicando a otros y a mí misma?

La importancia de estas dos listas, es tener claro que alimenta la culpa, ya sea la culpa consciente o inconsciente, que he llevado por años y que me frena a salir de lo que ya conozco, a expandirme, a ser yo misma.

Hoy solo vamos a poner nombre a esas emociones, para ordenarlas próximamente.

Módulo 3. 3.4.- Cuarta reflexión

Cuando comprendemos que todos estamos conectados, cuando una situación se abre para que podamos dejarla atrás, hemos de tener en cuenta que, para ello, todo se convierte en un trabajo personal.

Ayer identificamos como nos sentíamos, identificar sentimientos es lo que llamamos inteligencia social, porque nos da la fuerza, deber donde ya no queremos estar.

Estamos en un círculo de mujeres, encontrando la mujer que somos, pero el primer círculo que hemos de cultivar es el círculo de la energía personal, la mujer que soy.

Saber lo que hay en mi cuando voy a interactuar con otra persona, trabajo o amistad, identificarme frente a las relaciones.

Cada ser que llega a mi vida trae algo para enseñarme. La teoría nos la sabemos todas, es más, hoy en día en cuanto aprendemos lo que hay que aprender, la persona desaparece.

Cuidar y purificar el cuerpo físico, es la clave de las relaciones, porque es el mensajero de nuestra alma. Nuestro cuerpo y campo electromagnético, es el que llama los aprendizajes a nuestra vida.

Por eso, conocerte a ti misma es la mejor misión, para ti y para el planeta, e influirá positivamente en la vida de otros.

Hoy vamos a aprender cómo damos las cosas. Es muy importante que observemos si damos las cosas cuando hay que darlas, o se las imponemos a los demás por amor; el modo de dar las cosas cuenta más que lo que realmente se da.

Es muy hermoso cuando alguien nos regala justo aquel secreto o cosa que nos gusta, porque nos sentimos escuchados y nos sentimos atendidos, pero nosotros también tenemos que poner atención y escuchar a los que nos rodean, antes de darles algo.

Por eso, te invito a que seas muy sincera contigo misma, y respondas las siguientes preguntas:

¿Te adelantas a lo que alguien necesita, para ayudarle antes que te lo pida?

¿Invitas siempre a los demás a comer, a tomar algo, a estar en tu hogar, aun cuando realmente estás agotada?

¿Permites que vengan a tu mesa terceras personas que no conoces, solo para que no se enfaden las personas que amas?

¿Permites que se sienten a comer contigo aquellas personas que constantemente te critican, aunque haya un vínculo de familia?

¿Le das dinero a todos aquellos que te lo piden, aun sabiendo que no es real lo que te están pidiendo?

¿Te sientes mal y te quedas con aquello que te regalan, aunque no tenga nada que ver contigo?

¿Eres capaz de regalarte algo a ti misma, sin que haya un motivo o una ocasión?

¿Alguna vez tienes alguna cita contigo misma, ir a pasear por el campo, tu pueblo, leer un libro, ir a clases de...?

¿Te has sentido tan furiosa que no podías ponerte de pie, y aun así has acudido a los eventos o citas que estaban previstas?

¿Cuántas horas de sueño cumples realmente?

Lo que das te lo das, y lo que quitas te lo quitas. Mira cómo relacionas el dar, y observa si aún buscas amor en la forma de administrar tu tiempo y tus espacios.

Módulo 3. 3.5. - Quinta reflexión

Sabemos que estamos en contacto con nuestro divino femenino, cuando

somos capaces de responder serenamente. Esto sucede, cuando establecemos una escucha real, a nosotros mismos y a quien nos habla.

La templanza, la paciencia y la compasión, son tres dones de toda mujer, pero en ocasiones, es tanto el ajetreo que nos lleva a una polaridad máxima, perdiendo la escucha activa.

Como tú te relacionas en el habla, es como tú escuchas a tu niña interior y a ti misma, y a tu ser de luz.

¿Serías capaz de contestar con la verdad a estas preguntas?:

¿Te descubres escuchando sin intención de esperar tu turno, hablando mientras el otro sigue hablando?

¿Realmente somos capaces escuchar sin juicio?

¿Quién te habla, podrá terminar sintiendo que realmente estuviste pendiente de él o de ella?

¿Te enojas cuando alguien habla de lo que a ti no te gusta, o podrías oírle, para admitir la diversidad?

Dicen que la sabiduría es escuchar para ofrecer lo justo, lo oportuno, aquello que el otro necesita, pero rara vez estamos realmente en la gratitud, de confrontar nuestro corazón con el corazón de otra persona, a través del diálogo.

Las prisas, el cansancio, el enojo, es que siempre nos hayan hecho callar de pequeños, y mil detalles más que nos afectan y nos cortan la posibilidad de que una palabra, pueda realmente cambiar nuestra vida.

Lo mismo hacemos con nosotros, lo que nuestros padres nos han enseñado, nos lo aplicamos a nuestro corazón. Rara vez ponemos atención en conocer cuál es mi deseo, en poner voz a la respuesta que nace de mí, y elegimos la que socialmente es correcta.

Escucharte es darte espacio, espacio que genera alegría, espacio que genera expansión de ti mismo, abre el camino a lo que realmente va a ser la nueva página de tu vida.

Cuando no nos damos este espacio, vamos a una energía de sacrificio, que tanto tiempo nos ha ganado, y ensañado profundamente. Así es como nos dañamos, más de una vez.

Por ello, vuelve a contestar las preguntas anteriores, y sé sincera contigo misma, la mejor fórmula de darte respeto es escuchar de forma activa.

Te invito a escribirte una nota, aparte de contestar las preguntas, agradeciendo por adelantado, que tu niña interior haya esperado tan pacientemente, por siglos incluso, que tengas tiempo para escucharla; vamos a agradecer también, y a explicar, el motivo por el cual nos gustaría reanudar la comunicación entre ambas; también cómo creemos que nos va a ayudar el contestar, después de sentir, y si somos capaces, de recordar algún follón, algún problema, donde nos metimos por contestar demasiado rápido, y del cual nos hemos arrepentido.

Le vamos a pedir que nos perdone, y le diremos que estamos dispuestos a volver a nosotros mismos, para darnos espacios, incluso de un día o dos, antes de responder esta pequeña nota de gratitud y compromiso, con la escucha a mi corazón.

Módulo 3. 3.6. - Sexta reflexión

La feminidad parece estar en profunda reflexión, sobre cómo y dónde ha dado el poder de su energía.

Es tiempo de tomar conciencia y equilibrio, para saber en cuál de las dos polaridades estamos, si en el femenino que expande, o en el femenino que se daña a sí misma.

Es tiempo de evaluar en cuál de los dos aspectos te encuentras, si en armonía, que es el primero, o en distorsión.

Ser sincera contigo misma es restaurar tu propia voz, aquí está la lista de cualidades en ti:

Amor incondicional - Amor con condiciones.

Energía pura - En ocasiones Histérica.

Campo electromagnético de atracción - Proyecta atractivo, para ser vista.

Aprecia la belleza interior - Apegada a la apariencia exterior.

Receptividad - Pasividad

Cariñosa - Celosa

Manipulativa, posesiva - Suave o débil

Relajada – No hacer inercia, vaga, colapso

Acoger - Sobre acoger

Habilidad para rendirse - Sumisión, ceder, pérdida de una misma

En contacto con los sentimientos - Vaivén emocional, sentimental, malhumorada,

Sensitiva - Demasiado sensible, espinosa, frágil.

Instinto de hogar - Obsesionada con la seguridad

Intuitiva, psíquica - Desconfiada, miedica,

Conectada - Invasiva

Confiada, permitiendo - Controladora, indecisa, falta de iniciativa

Conectada con el universo - Falta de límites personales

Siente bien ese responder, es la llave de ver tu progreso.

Módulo 3. 3.7.- Séptima reflexión

En este viaje de encuentro contigo misma, me gustaría pensar que descubriste ya tu calidez, y tu validez, así como recursos que estaban en ti, y que no te atrevías a asumir.

Hoy vamos a poner énfasis en la mayor capacidad que toda mujer posee, la capacidad de dar. De darse a sí misma y de dar a los demás.

La primera quizá no la desarrollamos mucho, hasta que la vida nos pone en pruebas o peligro bien grande, ahí empezamos a ordenar la capacidad de recibir de nosotras mismas.

El regalo del divino femenino es dar, dar y seguir dando. Es a su vez nutrir y expandir; pero, para poder dar, hay que estar en orden, o nos podrá el comprar amor dando, o el salvar a los demás, para no ver la verdad, o no ponernos a ordenar dentro.

Cuántas veces dimos y todo se volvió en contra nuestra; porque diste donde nadie te pidió.

En especial, cuando queremos que las almas despierten en conciencia.

Los procesos de crecimiento se dan entre iguales, son horizontales de tú a tú.

Y también de ti a ti misma, y de ti a los demás, sólo así

estaremos en un interés verdadero por el otro y por nosotras mismas.

Hoy te invito a recordar cinco acciones, en las que ayudaste y recibiste el desplante, o negación, crítica o desprecio, de quién creías ayudar, incluso sería sanador verlo con tiempo y de que te acusó. Con la perspectiva del tiempo podrás reconocerte a ti misma, si había algo de verdad en ello, estoy segura de que lo hay.

También te invito a hacer una lista de las últimas cinco caricias o regalos que te otorgaste a ti misma, y que colmaron tú ilusión o tu fuerza. Cinco atenciones, espacio, relaciones, que te nutren y expanden tu amor en tu interior.

Parece sencillo, pero si lo haces desde el corazón de una mujer adulta, aprenderás mucho de ello.

Módulo 3. 3.8.- Octava reflexión

Es tiempo de mirar fuera y de darnos cuenta de cuánto dolió ser excluida, desde que tenemos uso de memoria, pero a veces no vemos que somos nosotras las que nos autoexcluimos, o incluso creamos exclusión a los demás, por miedo a sentir.

Quién está en el amor profundo, suele hablar con ternura y amabilidad.

Quién está en la exclusión, habla de forma ácida y en defensa.

Cuando tomamos partido en: "tú eres la mala y yo el bueno", o "no tengo nada que ver contigo", nos estamos autoexcluyendo, separando, dividiendo y dañando.

Sería muy curioso si este fin de semana, pudiéramos ser un investigador de nuestras palabras, y apuntáramos cuantas veces, consciente o inconscientemente, nos estamos separando del otro; al menos en cinco ocasiones, podemos anotar dónde cerramos nuestro círculo, no importa si por protección, si por cansancio, si por miedo, o porque realmente no resonábamos ahí.

Éticamente la niña interior vuelve a sentirse excluida, ocasionando malos cierres, sentimientos tóxicos, y más cansancio.

Todas sabemos perfectamente cuando hay que abandonar, un lugar o una relación, pero muchas veces no abandonamos por estar en un grupo, eso nos daña un más que ser excluidas, por eso te propongo, que mires con sinceridad:

¿Cuántas veces has sentido que no perteneces, o no puedes estar?

Ahora, busca las verdaderas razones por las que no has participado de una actividad, una relación, un imprevisto, algo que llego a tu vida y tú misma descartaste.

Módulo 3. 3.9.- Novena reflexión

Hoy vamos a reconocer la forma en la que, muchas de nosotras, aprendemos a decir adiós y eso nos carga de muchísimo dolor y dificultad, cuando no sabemos cerrar los procesos.

Hay muchos duelos que no están cerrados y que nos agotan en el futuro, son duelos de cierres de ciclos infancia, adolescencia, parejas, amistades...

Algo que no sabemos es que en ninguna partida o despedida estará cerrada, hasta que la reconozcamos con agradecimiento por lo vivido.

En ocasiones, la vida fuerza los tiempos que nosotras no queremos ver o aceptar. Hasta que todo ello sea asumido por mí, me ha podido decir lo que sentía que debía decir, pero cuando llegue a mí en el futuro, vendrá enturbiado por los procesos aún abiertos en mi interior.

Es como si, cuánticamente, pasado, futuro y presente, estuvieran unidos, de ahí la importancia de que cerremos las relaciones, con una mirada de gratitud y respeto. Incluso algunas formas de relacionarnos con nosotras misma.

También permanecemos sin terminar de cruzar las cosas, estando en un mal trabajo, en una comida en la que no queremos estar, y el miedo nos condiciona bajándonos a la queja, que no nos permite alcanzar lo nuevo.

El número de relaciones no cerradas, conmigo misma y con mi entorno, es el que produce muchas veces, las pocas ganas de vivir.

Es tiempo de enamorarte de ti misma, es tiempo de ser amor en lo que haces, agradece lo que ahora tienes, esa mirada a ti misma, plantéate si algunas de tus relaciones están ahí aún presentes, y aprovechando este tiempo, es una gran oportunidad para cerrarlas, expresándote por escrito, o tal vez hablándole a una silla, para que te alejes de ahí, o digas todo aquello que no pudiste hablar.

Recuerda muy profundamente las cosas buenas que sí hubo, un hábito, un trabajo, o una relación, y despídete con mucho amor y gratitud, comprendiendo el para que del encuentro.

Puede ser que antiguamente no pudieras; aunque aquí hoy, ya no esté presente en tu vida, puedes expresar la mujer que eres.

Módulo 3. 3.10. - Décima reflexión

Estamos poniendo todo el interés en conocerte a ti misma, y hemos avanzado mucho en todo ello. Ahora sería el momento, de poner un proyecto sobre la mesa.

Con ello quiero decir que es el momento de pensar en algo que quieres llevar a cabo, y que, además, sea algo creativo, nuevo, diferente, en que la protagonista seas tú, no importa si es leer un libro, o hacer un viaje.

Sí es muy importante que lo planifiques, con la sana intención de llevarlo a cabo.

Te invito a hacer un mapa del caminito, que llegue a donde tenga que llegar, con claros pros y contras.

Además, que sea un reto real, que te ayude a superar una parte de ti, que igual antes no te habrías atrevido a hacerlo, pero que la nueva mujer que hay en ti, sí se ve capaz: como reunir las fuentes de ingresos, como te sentirás ante ello, que sentirás tras llevarlo a cabo, las ilusiones y los miedos.

Todo ese mapa interno y externo de una aventura, en la que tú eres la principal protagonista, y sentir que sí se va a dar, imaginarla, porque imaginar es crear.

Módulo 3. 3.11.- Undécima reflexión

Una de las cosas más importantes para una mujer, es estar siempre en estado de creación.

Por ello, cuando estamos en reacción, reaccionando a cuánto nos rodea, entramos en una profunda distorsión de nosotras mismas, en hostilidad, incluso hacia nosotras mismas.

El divino femenino es expansión, y la respuesta o la reacción, nos hacen estar en constante energía tóxica.

Para el divino femenino tener que responder, es como estar en comparativa con los demás, algo que no es natural, por ello empieza a surgir la ira, el miedo, los celos, todo ello propio de un femenino mal aspectado, en comparativa con los demás.

El divino femenino natural es conciencia de expansión y de combinación de factores, para crear. En el acto creativo, cabemos todos.

En la actualidad comemos comida tóxica, nos vestimos con tintes y productos tóxicos, generamos respuestas al estrés medioambiental (ruidos, prisas, cantidad de personas en un lugar...) Todo ello nos lleva a conversar con los demás, ya en un acto constante de respuesta, no de escucha para aportar, sino defendiéndonos, por si acaso.

Tomémonos un tiempo para salir de esto, realmente vamos a recordar una persona en nuestra vida, o quizá más, con la que nos ponemos en piloto automático en cuanto la percibimos cerca, solo pensamos en correr a conversar con ella, incluso podemos ponernos tan nerviosas, que sintamos que vamos a cometer un fallo en cualquier momento.

Una persona que me hace temblar, que genero una defensa en todo momento hacia ella, o el.

Cuando la tengamos bien identificada, vamos a pensar:

¿Tenemos algún capítulo agresivo hacia nosotros, con esa persona?

¿O lo tuvo con terceras personas, y no queremos ser la próxima?

Y vamos a hacernos una profunda pregunta interior.

¿Para qué le estoy cediendo mi poder a esa persona?

Parece una pregunta sencilla, pero no lo es:

¿Qué temo realmente de esa persona?

¿Cómo me afectan sus actos y decisiones?

¿Quizá, a quién me recuerda?

Cómo dije antes, vamos a mirarlo como si fuéramos un científico, todo el escenario, toda la situación, y el personaje que me aleja de mi centro para defenderme.

Y sin poner sentimientos, solo observándome, voy a agradecerle a esa persona lo que me enseña de mí.

¿Porque la que se defiende soy yo, la mujer que aún no se cree lo bastante buena?, gracias a ello puedo entender cuál es mi mayor temor.

Escribo una carta explicando todo a mi corazón.

Módulo 3. 3.12. - Duodécima reflexión

Hoy vamos a honrar la tierra que nos acoge, es tiempo de creatividad y ancestralidad.

Cuando sentimos que pertenecemos, se abre la abundancia, y por ello a todas se nos abre el alma cuando olemos a tierra mojada por la lluvia, es algo que está en nuestro ADN. Sabemos que eso abre la vida, las cosechas etc.

Bien, pues hoy vamos a ser la lluvia de la vida, el agua de nuestras emociones, porque somos del lugar donde nacemos, del lugar donde aprendimos, del lugar donde lloramos, del que nos levantamos y al que fuimos.

Todas las mujeres somos gitanas del cosmos, pero, aun así, sabemos que hay un lugar donde las emociones tienen paz.

Reconoce ese lugar, no importa si es presente o pasado, si es mar, montaña, bosque o río.

Toda mujer pertenece a un espacio sagrado, y toda la naturaleza pertenece a madre Gaia, nuestra propia madre.

Somos parte de un ciclo maravilloso llamado vida. Todas nos adaptamos a diario a todo y a todas las novedades y retos que nos trae la vida, es la manera en que madre Gaia nos pone a recordar que estamos vivos, y que podemos crecer en sus brazos.

Por ello, os invito a coger un plato redondo, si puede ser de cerámica o madera, y poner en él las cosas que améis, una flor, una vela, un cuarzo, un incienso, lo que sintáis, como si son papeles de colores con palabras bonitas, creatividad al poder.

Ahora encended una vela en su interior, que cierre la herida de ser excluidas de otros círculos, tiempos, amistades, etc.

Cuando la encendáis, poned foco en dar las gracias, decretando:

"Gracias porque estoy fuera de tu círculo ahora, pero soy parte de un círculo mayor, la madre Tierra, pertenezco y soy parte de ella, y de su amor.

Con esta vela disuelvo todas las palabras que nos enfrentaron en otras realidades, y me llevaron a lealtades que me separaron hasta de mí misma.

Con esta vela sello hoy reconocer que Gaia me ama, y yo la amo a ella.

La madre naturaleza me sostiene sin juicio a diario, esperando que yo confíe en mí.

Con esta vela hoy sello, la conciencia de que hay siempre sitio para todos, y oportunidades para reconocerlo en mí y en la madre Tierra"

Si podemos, después de realizar nuestro decreto en voz alta, meditemos y le podemos preguntar a nuestra niña interior, a qué lugar de la tierra pertenece más, allí donde más paz sienta, no importa si estuvimos o no físicamente alguna vez, simplemente nos permitimos reconocerlo y reconocernos en él, recibiendo el poder del círculo de la madre naturaleza, vemos su paisaje su energía, sus plantas sus animales, sentimos como ese lugar sagrado nos ama y quiere nuestro bien.

Y una vez hemos disfrutado de su sanación, pintamos todo cuánto vimos y ponemos foco en buscar el simbolismo medicinal de árboles y plantas, de animales de poder, si los había, del valle, río, mar, buscamos el simbolismo energético de todo y podremos reconocernos a nosotras mismas en todo ello, la sabiduría que lleva nuestro corazón y la que Gaia tiene para darnos.

Módulo 3. 3.13. - Décimo tercera reflexión

Una mujer empoderada no es nada, si debe luchar para sostener ese poder.

Una mujer en paz consigo misma, es la que tiene energía activa y de sanación es su interior; ya no le das explicaciones a nadie, ni siquiera a ti misma en tu cabecita.

Tus células, tu carne, tus huesos, todos estamos formados de energía y de átomos de estrellas, que vienen del universo. Todas tenemos una combinación entre ellos, que es única.

Todas las mujeres del planeta, forman parte de algo mayor que ellas mismas, que su nacimiento y aquellos que nazcan ellas.

A través de una mujer, la totalidad de la vida está conectada, por eso los hebreos solo reconocen a un hebreo, si es hijo de una mujer hebrea.

Imaginaros que contraste: los antiguos las desprecian, pero solo la reconocen a ella como portadora de la sangre universal, y así en todas las culturas religiosas, la silenciada y la portadora de vida.

Ahora, en pleno proceso de ascensión, todas y cada una de nosotras hemos buscado reconocer nuestro lugar en el universo, y a mayor búsqueda, más nos hemos reconocido, en las plantas, las piedras, la naturaleza.

Es curioso que casi todas las historias de las tribus, acerca de la creación, están relacionadas con las estrellas.

Para regresar al amor, es importante que seamos conscientes del amor a la madre Tierra, esa que tanto hemos regado por el dolor de las encarnaciones, en las épocas más oscuras.

Toda mujer sagrada tienes que aceptar el amor humano, por eso cuando hay una tormenta solar, sientes una gran añoranza o nostalgia del hogar. Aunque, en realidad, lo que estás sintiendo es el anhelo de volver a esa conciencia plena de irradiar amor en tu corazón, sin temor alguno. De unidad interconectada, que crees que tenías como raza de otro planeta, porque ahí no había dualidad. La frecuencia de unidad sigue estando en ti, y debes retomar ese sentimiento de hogar en la tierra.

Hemos olvidado el potencial de estar interconectadas en unidad. Quizás por el brusco romper de la placenta en el parto, y sentir la separación de la propia madre, o experimentar una conciencia menor.

Toda mujer sagrada tiene esa interconexión, a la que accede haciendo el amor por amor, en meditación profunda, en regresión espontánea, cuando accede a algún lugar sagrado de la tierra o, simplemente, cuando ama lo que hace.

Dejad de viajar por el planeta buscando la interconexión, es tiempo de acoger amigos o relaciones, no sentir el vacío de la interconexión, es tiempo de reconocer tu lugar físico, como tu hogar, es decir, tu propio cuerpo, y tu día de hoy, este momento.

Si a ese sentir la separación del hogar, le sumamos toda la historia biográfica ancestral, es realmente un reto de vida volver a tu propia plenitud, como mujer y como ser vivo.

Por ello te invito hoy: a integrar los sagrados aquí en la tierra. Imagínate que eres un explorador, que llegas a tu casa justo hoy, y que tienes que hacer un texto, una carta a un periódico, o a un científico, explicando que reconoces de tu alrededor. Haciendo dos o tres dibujos, de las cosas hermosas que hay en la habitación, en el lugar donde te encuentras; también pueden ser de los colores o los aromas que respiras.

Explícale a los demás la belleza que te rodea, mínimo diez cosas, que tienen de especial para ti, para que las elegiste en tu casa o en tu espacio.

Antropóloga de tu propia vida, explica a tu niña interior las cosas nuevas que puede encontrar en esta subida. También puedes enseñarle de que desprenderse, o que ya no vibra contigo.

Te dejo el resto, considera tu vida una aventura para tu alma:

¿Qué cosas especiales?

¿Qué en el momento de ahora?

y ¿para qué merece la pena estar en tu propia vida?

Módulo 3. 3.14.- Décimo cuarta reflexión

"Hoy elijo amar todas las partes de mi alma", este es el mantra sagrado de hoy.

A veces hay días de mucha actividad mental, en los que nos cuestionamos si todo lo que vivimos y pensamos, es verdadero o falso.

Cuanto mayor es el despertar en la tierra, parece que hay más dolor y, sobre todo, en nuestro día a día físico.

La mujer es especialmente sensible a esta fricción entre realidades, y las reproduce en su interior.

La mujer es consciente de los ciclos, que terminan y se abren, ella lee el emocional propio y el de madre Tierra.

Reconocer todo cuánto hicimos para llegar a aquí, nos ayuda a abrir la mente y el corazón, para poder ofrecer soluciones, a todo aquello que pensamos internamente, cuando cada mujer se debate entre su nuevo yo y la mujer que todos conocen.

Cuando una mujer sagrada se aplica en lo cotidiano, esto le permite reencontrar sus objetivos, al recuperar las antiguas costumbres, como plantar flores, limpiar, ordenar, caminar, una rutina que, a su vez, le ayudará a crear lo nuevo, y abrir camino a todo lo que ya sabemos está latiendo en nuestro interior, para que florezca a de abrirse camino en lo espeso en mí, en mis pensamientos, incluso aquellos que nos han llevado a separarnos.

Estamos en una época de polaridad máxima, es lógico verla también internamente.

Para ello, hoy vamos a centrarnos en la niña interior, desde su primer aliento. Me tomo unos minutos para respirar y conectar con ella, y cuando la tenga junto a mí, respirando en varios rayos de luz, le pido que me hable, de mis cualidades inalterables, aquellas que traje al planeta y que no se apagaron, pese a mi experiencia de vida, las que se rebelaron a lo que te inculcaban, e incluso cualidades que comparto con mi madre y no quiero reconocer, por no parecerme a ella.

Mira con amor a tu niña, dile que la escuchas, dile que te hable de ellas, de esas cualidades, y anótalas, aunque la primera vez sea solo una, y dile:

Agradezco e invito a todo lo que soy, a que esté presente en mí, en la tierra, en este momento, para que yo lo reconozca.

Y respirando profundamente, aprendemos a sentirnos y a reconocernos, con la energía original de creación, que me da vida como mujer en la tierra.

Nuestro Yo de luz, está ahí siempre, vida tras vida, más allá de las impresiones kármicas. Ahora es tiempo de rescatar mi calidad humana, mi fuerza creadora de mujer y las dinámicas ancestrales de mi familia, que amplifican mi ADN de mujer, son mis dones de alma. Hoy es un buen momento para reconocer esa parte de ti milenaria, que ayudará a la mujer nueva a confiar en sí misma.

Cuando hayamos anotado todo, le podemos dar las gracias a la niña, por abrir las semillas de luz de su interior. Y la despedimos con amor.

Módulo 3. 3.15. - Décimo quinta reflexión

Hoy vamos a mirar, cara a cara, lo que los antiguos llamaban: "las lecciones de vida".

La teoría la sabemos todas. Son los acuerdos de alma, con otros seres, para que nos ayuden en las misiones personales.

De todo lo aprendido en muchas vidas, la fuerza personal en mi interior se ha forjado intensamente, para poder ser las que somos aquí y ahora.

Y desde esta mirada, consciente, de la mujer que ya empieza a reconocerse y mostrarse, te invito a contestar una pregunta:

¿Hay en el día de hoy, alguna parte de mi vida, que suponga un desafío, en este momento?

Me sincero conmigo misma, me permito aceptar que hay una o más partes que están en revolución o en evolución, y me atrevo a ver desde mi alma sabía:

¿Cómo se llama el aprendizaje que estoy recibiendo a día de hoy?

Módulo 3. 3.16. - Décimo sexta reflexión

Tu propia esencia es siempre tu huella.

Cada una de nosotras tenemos una vibración que aportar a la unidad, única y trabajada al detalle antes de nacer, incluso vidas antes de esto, ya estabas preparándola.

Ahora estás trabajándote, simplemente para identificarlo, y para atreverte a sacarla al exterior.

Siempre nos expandimos, cuando nos permitimos expresar la mujer que somos.

A veces, la cabecita intenta gustar a otros, imitar a otros, o construirse para pertenecer a un grupo. En ninguno de estos casos podrás terminar tus proyectos, necesitan de tu fuerza interna.

No lo creas, cuando tú expresas tu interior, al fin aparece tu grupo de almas.

Porque tu vida entera se convierte en un mensaje al universo, de que estás viva, de que eres libre, dile que tienes el valor de ponerte al frente de tu propia vida.

Entonces es cuando, casualmente, sucede la magia. En realidad, es el apoyo que habías pactado antes de nacer, que está esperando que tú ocupes tu lugar, para poder encontrarte, para poder reconocerte.

Sé que ser vista es el mayor reto para todas nosotras, llevo años luchando con ello en mis propias carnes.

La experiencia de vida de cada una, es una línea del tiempo como un cuento, como un relato, y hay gente detrás de nosotras, que necesita recibir esa historia, para que avanzar en su propia historia.

Anunciamos nuestra propia vida, aceptamos absolutamente la línea de vida de los demás, pues todos y todas estamos interconectados en el universo.

Para que veas la fuerza de esa conexión, hoy te voy a hacer una petición, que te va a parecer muy extraña: escribe una lista de cinco canciones que siempre estén en tu cabeza.

No importa el género, de qué forma, canturreas en ocasiones al levantarte, las que te ponen alegre cuando suenan casualmente en la radio, siempre hay una que es un botón de cambio.

De esas cinco canciones, aunque solo sea una frase, te pido que busques la letra entera y la leas, traducida a tu idioma.

Te darás cuenta del mensaje que trae esa canción, a través de tu propia alma, que recuerdes tu propia vida.

Verás que debes prestar atención, los días muchas veces nos hablan cantando.

¡¡¡Ahora te toca a ti descifrar el mensaje!!!

MÓDULO 4:
LA MUJER SACRA Y EL ELEMENTAL DEL CUERPO

La mujer sacra

Het gurú (Hathor históricas), eran las damas sagradas del amor y la creación de la belleza, representaban la ascensión del sonido del corazón, al potencial ilimitado, reflejo de los seres de luz, hathor de Lyra y Arcturus.

Cuando la mujer sagrada restaura el portal de su corazón, es cuando puede manifestar un hombre o compañero en su vida, que exprese la inspiración entre ambos, y también el elemento de unión entre ambos, para crear todo tipo de vida y realidad. Los ancestros usaban elemento aire, a través de la llave de Ank, para mover los procesos, limpiar los campos electromagnéticos, y actualizar las pulsaciones del ritmo social. Si, suena muy extraño y metafísico a lo que se refiere; es que cuando la mujer sana iba a su corazón, recibía la unión con el masculino, al igual que recibía un compañero de vida, y se recargaban mutuamente, se purificaban, y podían llevar a cabo un nuevo proceso de maestría del amor, en la superficie del planeta.

Al mismo tiempo, podían hablar con las especies, con las esencias, con los cristales, con tu templo de la unidad, que es la vida en el planeta, que llamamos la fuerza de la maat celeste. Las iniciaciones que recibimos -- nuestros desafíos personales y victorias -- son pinceladas sobre tu lienzo de vida único. Eres una espléndida obra maestra desarrollándose...

¿En qué me convierto, cuando restauro mi unidad?

La mayor misión en el planeta es mantener tu fuerza mientras intenta seguir siendo tu.

En este módulo vamos a abrazar a la mujer sacra

Ella se diferencia de la mujer Sagrada, yendo un paso más profundo.

Cuando una mujer mantiene su voz y su luz en la oscuridad.

Caminado ante la vida, levantando la mirada a otras mujeres, para que puedan encontrar su camino.

En un momento de su vida, recibe llamadas de otras madres y mujeres para que restaure su cuerpo, para que inspire a otras, y detrás de ella quede un legado.

Llevando la búsqueda de la libertad de la expansión de su corazón, dejando atrás la injusticia de otros y lo soy el dolor de su alma.

En la antigua tierra Nubia en Egipto, el llamado a las mujeres sagradas era una comunión con el agua y los elementos. Y así, asido hasta las generaciones actuales.

Una mujer sagrada no tiene por qué ser terapeuta holística, simplemente ser la mujer que abre la puerta para que un alma sea más feliz con lo que hagan su vida con sus proyectos y para que despierte de ellas la ternura que les permita volver a la comunidad.

Si llegaste hasta aquí en este libro, fue para llevar a cabo la reunión de tu cuerpo con los elementos y poner orden en tu día a día, trabajando con la fuerza de la madre tierra y la inteligencia divina.

Los elementos son la fuerza natural de la creación, al igual que tu segundo chacra.

La aceptación del llamado a ser mujer, cuando eres niña que no siempre se da, y a veces aún de adultos rechazamos lo más sagrado que es la menstruación.

Cada mujer, en su interior tiene un portal de manifestación desde nuevas almas, que llegan al mundo hasta cualquier línea de vida. Es decir, desarrollar tu camino por ti misma.

Todas las mujeres somos una visión sagrada ensimismar, creamos un hogar en nuestro interior para traer la vida. Nos deberíamos ayudar : como antiguamente unas a otras ,y darnos el coraje para que otras personas reconecte con su corazón.

La mujer sacra no nace, se hace, y se hace cuando empieza a recorrer el camino interno de cruzar los Miedos hacia su libertad es ahí entonces, cuando forja su divino femenino y encuentra mientas que nos comunican con toda la naturaleza y el ritmo de la vida.

Ese es el propósito real de tu alma, cuando trabajas con este libro, levantarte desde cerca mirar hacia ti misma.

Por ello, muchas veces el símbolo de la belleza es el loto, clase del barro y se abre mirando directamente al sol.

Para abrir tu parte más sagrada es muy importante volver a la comida natural, al descanso, al respecto y así ir modificando todos tus cuerpos ,que te da la fuerza de la naturaleza y te convierte en el portal dimensional, que te puede llevar a ser la protección de la vida de los demás Pero sobre todo de ti misma .

Abre de la comunicación con otras dimensiones y con los ancestros, recolocando tu propio mapa de vida.

En las antiguas culturas Nubia, cada mujer se convertía en cuatro portales, qué día guiaban su espíritu, al igual que en el sintoísmo japonés la mujer: que podía dialogar con el sonido, el fuego creador, el culto al agua y el sol, recibía la visita de los dragones de agua al igual que Kuan Yin.

La mujer sacra es la que recibe la bendición de muchos rituales y sabe manifestar, porque confía en la fuerza de su interior y en el foco de su corazón.

Somos nuestros elementos

En este módulo, te proponemos un conjunto de meditaciones, cada una de ellas con cada elemento.

Por qué los elementos rigen las diferentes partes de tu cuerpo.

El elemental de la tierra

Llamar a Terra es que no se equilibra entras emociones y las obsesiones es que nos da el biorritmo de madurez y nos aleja de los miedos máximos de las enfermedades mentales.

Cuando estamos distantes de la madre Tierra, acoplamos grasa en los tejidos y los músculos flexibilidad, quedando en un tono de debilidad muy fuerte.

La madre tierra se manifiesta a través de la saliva, la linfa y todas las secreciones corporales, es la base de nuestra digestión, es la base de todo el estómago y el bazo.

Ella nos sostiene en el interior. Como una maquinaria perfecta, que mueve y sostiene los órganos vitales.

Elemental del viento se refleja nuestro cuerpo a través de la respiración, pero a su vez esta cambia y se transforma en función de las emociones, la apertura exterior o la Tristeza.

Rige especialmente en los pulmones, el intestino grueso, la piel, todas las mucosidades, la pituitaria, la nariz. Ella regula todos los ciclos vitales le da su propio ritmo.

El elemental del agua

Nos ayuda a reunir las emociones en un equilibrio perfecto, refresca y libera nuestro cuerpo de toxinas, lo hace a través de los riñones, la orina, el sistema reproductor, y todos los fluidos corporales.

Gracias a su ciclo vital podemos compensar los miedos y ordenar las emociones que nos ayudan a enfrentarlos

Así como la fuerza de nuestro huesos, médula y tejidos óseos. Desde nuestro nacimiento a la muerte.

Y curiosamente regula la recepción del exterior a través de los sonidos que recibe el oído.

Elemental del fuego

La creación de vida en el sistema nervioso, que regula el impulsor creador del colera, una maestría entre la emoción y la ira, que regula todos los ligamentos, nervios, uñas, regidos blandos, que nos reconectan y dan movilidad.

Nuestro hígado el guardián del fuego sagrado, nuestros ojos que marcarán la saturación de toxinas del hígado.

El flujo de nuestro fuego sagrado en todos los vasos sanguíneos, sangre, pericardio, corazón, e intestino delgado...

El sistema endocrino y el sudor que nos regula la temperatura desde la alegría a la ira.

Todos los elementos en nuestro cuerpo se entrelazan, se abaratan y se unen en una danza que se equilibran unos a otros.

Cuando uno de ellos se paraliza en el tiempo, se contrae y empieza a romper ese equilibrio forzando a los demás a su acidez o saturación de sus funciones.

Abrazar los elementos en ti te ayudará a sanar tu conciencia y a devolver la danza de la vida en tu interior. Es decir, la salud que nos aporta la libertad y el gozo.

Todo se hereda, pero nada es hereditario, porque eres tú quien acepta o no esa herencia y quien puede romper los patrones mentales y miedos que crearon una enfermedad, con un buen diagnóstico médico y un trabajo profundo para volver a tu conciencia pura.

Tú no eres tus padres, ni tu árbol; tú naciste de ellos para transfórmate desde ellos, pero es tu fidelidad al pasado lo que te enferma o la no aceptación de la realidad, como hicieron ellos.... Esperando un milagro que cambie. La realidad a donde tú crees que te dolería menos.

No somos nuestro pasado, sino lo que permitimos que el haga

en nosotras, que nos perturbe y paralice o que nos modifiquemos por el aprendizaje.

Somos mujeres sacará que elaboran su destino y cuando viene un aprendizaje bajamos a la sombra más profunda para limpiarla, cruzando todo el emocional y decisiones que nos llevó allí.

Nosotras somos quien nuestros padres y ancestros eligieron para que hiciéramos las cosas diferentes, limpiáramos y liberáramos todo.

Ese en nuestro gran pacto de alma con ellos, aunque aquí en el plano físico, las personalidades de todos ellos nos expresen todo lo contrario, incluso el inmovilismo, vinimos a construirnos en la propia conciencia, que enriquece al colectivo y nos ayuda a caminar desde el amor más profundo.

Derribando la separación entre tu cuerpo y tus emociones, entre tu y los tuyos, entre tu y los otros.... No hay separación, eso solo es una ilusión de una niña interior herida.

Todos somos unidad y los 4 elementos están en toda la naturaleza del planeta, creando Mil realidades físicas.

Si dialogas con los elementos, Dios ligas sin la Diosa y el Universo en tu interior.

La energía Ka

La energía Ka, es un si la fuerza vital, el mayor componente del espíritu humano y que en la mitología egipcia era el regalo que te da el planeta en el cual estás vivo en este caso la madre Tierra.

Las mujeres son las guardianes de la energía Ka, por naturaleza.

En el antiguo Egipto, energía K era la llama de luz que daba vida al cuerpo y estaba unido de forma absoluta al cuerpo físico de hechos que le da su vitalidad.

Pero al mismo tiempo, también es que no hable el cuerpo energético del mer ka va, lo que nos permite soñar, meditar, visualizar y abrir un registro akashico, transformarnos.

En realidad, es el circuito eléctrico que da forma a la realidad. Es decir, la cantidad de amor que sostiene el interior de nuestro corazón.

Para los antiguos egipcios, el Ka es la frecuencia en la que vibre el corazón, es decir, los pensamientos que sus tienes en tu corazón.

Porque tú ves la vida física según sean tus creencias y tus pensamientos por eso están importante volver a la neutralidad para que puedas ver la verdad y no tus creencias.

Y por ello cuando queremos hacer un paso en nuestra vida, creemos que estamos en un nivel energético y en realidad estamos en el miedo o en una fidelidad a otro familiar y ese paso energético, no se acaba de abrir la puerta porque no estamos en el punto que creemos estar.

Es la fuerza del amor de otras dimensiones en tu cuerpo físico, lo que algunas culturas llaman alma. Y es la fuerza del planeta en el que vives para desarrollar tu vida física, esa escuela emocional en la que todos estamos.

El mundo elemental y la Salud

Los elementos Somos un universo elemental dentro de nosotras: Debemos dejar de enfadarnos con los órganos, músculos, nervios y células de nuestro cuerpo que temporalmente parecen haber dejado de funcionar a la perfección, el origen de toda distorsión está en nuestra personalidad y no de esos pequeños elementales, que no hacen más que simplemente reflejar nuestros pensamientos, sentimientos, palabras y acciones.

Los elementales aprenden y evolucionan a través de la imitación y la reproducción de la frecuencia presente. Crecen para convertirse en Devas y Constructores de la Forma, por eso la importancia de que la humanidad cese de crear formas de pensamiento que los elementales están forzados a llenar con sus propios cuerpos ligeros y las cuales son una distorsión de la Vida.

Quien ama a la madre tierra, ama su fuerza de creación, el regalo del elemental de la tierra es enraizar líneas de vida.

Arraigar aquello que uno es capaz de canalizar o de crear con su mente a la materia. Trasmutar la negatividad, en frecuencias de amor, en esencia todos somos materia que

construye, bueno o malo es un tema moral humano, pero la esencia es construir.

Es tiempo de enraizarte a ti misma, de ordenar el cuerpo físico, y de identificar los obstáculos en tu camino de alma. Cuando una mujer se enraíza en la tierra, se convierte en un portal humano de conciencia y de otras almas, de ahí la persecución durante siglos del divino femenino, porque libera las conciencias que tenemos alrededor nuestro.

Realizaremos la iniciación al elemental de la tierra en unión con lady Gaia.

Meditación con el elemento tierra

Vamos a pedir a madre Gaia un rayo de luz azul zafiro, respiramos muy suavemente integrando toda esa energía de luz zafiro capa por capa de la tierra, al encuentro del chakra estrella de la Matrix un palmo 20 cm por debajo de la planta de los pies, respiramos muy suavemente, y pedimos a esa frecuencia de luz que vaya girando en espiral en vertical hacia arriba, al encuentro del chakra de la conciencia cristalina unos 50 cm por debajo de la planta de los pies,,, vamos muy suavemente, permitiendo que su frecuencia de luz vaya dibujando un infinito en el interior del chakra, para que se reactiven nosotros toda la Unión con el plano cristal y elemental.

Te estiraremos muy suavemente. En unión, con la energía que sigue subiendo en vertical hacia mí al encuentro de la planta de mis pies, separa en el chakra estrella de la Matrix, desde ahí se une al chakra estrella de Gaia un palmo 20 cm por debajo de la planta de los pies.

Respiramos muy suavemente y permitimos que salud se divide en tres grandes haces de luz. El primero en contacto con la planta de mi pie izquierdo, el segundo en contacto con la planta de mi pie derecho, el tercero en unión a mi chakra base. Y respiro suave 23 veces permitiendo que esa energía gira sobre sí misma, y forme un infinito de luz que sostenga mi energía y mi conciencia.

Respiramos muy suavemente, y permitimos que todas a unión con la madre Tierra suba a través de mis piernas y de mi prana al encuentro de mi primer chakra.

Permito que la energía suba, en su interior otro infinito de luz que permite la comunicación con mi chakra corazón.

Seguimos respirando y abriendo esa frecuencia de luz al interior de mi corazón, dibujando un infinito de luz azul zafiro en horizontal que gira sobre sí misma.

Reconstruyendo toda la fuente de luz que soy yo en mi interior.

Permite que esa energía fluya al encuentro de mi garganta y que desde ahí se una en comunión con mi sexto chakra, y respira muy suavemente de nuevo tres veces

Abre la unión con mi propio ser, y permito que se comunique mi sexto chakra con mi chakra corona.

Respirando muy suavemente y abriéndome a toda la frecuencia de luz, de mi canal principal.

Seguimos respirando y pedimos esa frecuencia de luz que se una mi chakra Estrella del Alma un palmo 20 cm por encima de mi cabeza.

Tramos muy suavemente, y vemos como la luz gira sobre sí misma, formando un infinito entre mi chakra corona y mi chakra Estrella del Alma un palmo 20 cm por encima de mi cabeza.

Entiendo como es infinito va regenerando la comunicación

entre ambos, para que yo pueda percibir toda mi propia luz y mi conciencia en el campo físico.

Respiramos muy suavemente, permitimos que toda esa energía se reparta por mis células y desde ellas a mi alrededor y respiramos muy suavemente de nuevo tres veces.

Podemos sentir todos los sonidos de los elementos de mi cuerpo, puedo integrar y percibir cómo se mueven, cómo se reconectan, cómo se comunican entre ellos.

Ahora el universo al Gran Sol central un rayo de luz blanca, blanca platino que desciende en vertical hacia mí.

Y recibo esa energía platino en el interior de mi chakra Estrella del Alma, y siento como va descendiendo en vertical a través de mí, a través de todos los chakras como una gran cascada de luz, que va descendiendo poquito a poquito, y me va sosteniendo mientras se integra en todos mis cuerpos.

Seguimos respirando muy suavemente y permitimos que son frecuencia de luz ahora, desciende a través de mi cuerpo al encuentro con el núcleo cristalino de Gaia, convirtiéndome

en un gran pilar de luz blanca platino, que se va ensanchando y me deja en su interior como una columna de luz,

Y cada uno como siempre reciba le pedimos a la madre Tierra, qué es el pilar de luz se haga más ancho y envuelva toda mi aura.

Y desde ahí vamos a llamar a madre Gaia.

Nombre de yo soy en mí, invoco a la amada lady Gaia.

Respiramos suavemente, comprobamos que sea ella el nombre de la luz y del amor

Integramos esa frecuencia de luz, le pedimos a lady Gaga ya se puede poner sus manos a la altura de nuestro corazón, para regular la comunicación con su frecuencia.

Le pedimos un pilar de equilibrio en amor para trabajar juntas

Y podemos escuchar cómo nos sentimos, podemos escuchar donde nos encontramos te respiramos muy suavemente, pidiendo la madre tierra, que nos presente nuestro encuentro con el mental de la tierra te pedimos amada lady Gaga ya abro mis manos hacia ti, para que apoyes las tuyas en las mías y me abra recibir elemental de la tierra.

Sigo respirando y le pido si puede ajustar mi corazón, y mi octavo chakra a través de mis manos, para sentir y recordar el diálogo interior con el mental de la tierra.

Le pido por favor: si me puede mostrar cómo se encuentra el elemento tierra dentro de mi órganos, elemento tierra en mis huesos, mis articulaciones, en todo el pilar que sostiene mi cuerpo físico.

Respiramos suavemente y permitimos que esa energía se va integrando en nosotros.

Le pedimos al elemental de la tierra. que nos presente con que herramientas podemos trabajar con él, si estamos preparados para trabajar con todo el plano de las hadas y los gnomos, así como con los dragones de tierra.

Le pedimos si ellos nos ven aptos para restaurar el equilibrio entre mi conciencia y mi vida física.

Y cada cuánto me debo conectar con ellos para restaurar la esencia de construir el equilibrio mi camino de alma sí hoy me puede mostrar: alguna de esas energías que aún corta en mi camino de Alma.

Respiramos muy dulcemente si le pedimos a la amada Kwan Yin cuán integrado estoy realmente en elemental de mi cuerpo, si estoy en paz con mi cuerpo humano o todavía estoy sin atreverme a experimentar 100% su naturaleza.

Le pida madre Gaia como su relación con las montañas, si ya gradualmente puedo acceder a sus templos internos.

Y le pido cómo es mi relación con las piedras, con todas las piedras rocas y seres que las habitan en la madre Tierra.

Si está abierta ya me comunicación con ellos para aprender de todos ellos.

Y ¿cómo se llama lo que puedo aprender junto a ellos?

Respiramos muy dulcemente y le pedimos a madre Gaia, si puedo presentarme las conciencias o animales de poder con los que voy a trabajar, primero cómo se llama mi hermano etérico, animal de poder que me va a ayudar a trabajar la unión con la tierra. Y vamos respirando muy suavemente sintiendo como cerca de mí, alrededor de mí se encuentra a otro ser, ese ser que representa una raza y una conciencia----

Observo atentamente visualizando, cómo se encuentra, si está radiante o está apagado, como triste, si es joven o es anciano, si camina ágil o está agotado, cómo estás a conciencia y ese

Ser de Luz que está junto a mí hoy, y qué es mi primer animal de poder con el que voy a trabajar-

Observo si vienes solo o viene con otro animal, si juegas conmigo está enojado.

Te pedimos a madre Gaia, si hay algo más que no hayamos preguntado y debamos a ver con respecto a mi animal de poder si me acompaña en esta o en varias vidas.

Les doy las gracias por acompañarme y por empezar a trabajar conmigo a partir de ahora, le doy las gracias a lady Gaia, por sintonizar en mi corazón la frecuencia del elemento de la tierra, y le pido que se quede junto a mí, mientras trabajo con los otros elementos al igual que mi animal de poder.

Le pregunto cómo está y para qué ha venido a mi vida, cómo podemos trabajar juntos y cada cuanto quiera que me conecte con él, le agradezco su llegada y su energía.

El elemento aire

Restaurar la capacidad de ser honesta contigo misma y renovar la comunicación interna, para poder intercomunicarte con toda la red universal de corazones, y con todas las realidades. Restaurar el ruido mental, y las creaciones que no están unidas al corazón. Integrar tus decisiones, sosteniendo tu foco mental; para que recuerdes los pasos a seguir en tu vida, o identifiques lo que debes hablar, para que se abran los caminos reales en tu vida. Y también puede purificarse el propio entorno. Trabajaremos su iniciación con el Maestro el Moira.

Meditación con el elemental del Aire

Voy a recibir esta frecuencia de luz agua marina, qué restaura en mi toda la conciencia del plano del elemental del aire, me permite recibir la conexión con un nuevo chakra. El chacra de la conciencia Angélica unos 70 cm por encima de mi cabeza y siento como la luz juega formando un infinito, entre mi chakra estrella de Gaia debajo de la planta del pie, mi corazón y mi chakra de la conciencia Angélica unos 40 cm por encima de la cabeza.

Puedo ver cómo esa luz aguamarina -turquesa, ese color tan puro como la espuma del mar, va formando es infinito en la parte delantera de mi cuerpo, y va regulando me al elemento del aire.

Y respira muy suavemente, en tanto mi cuerpo se ajusta llamando al maestro Moira, el nombre de yo soy en al maestro Moira. (3 veces)

Muy suavemente y le pedimos si es el maestro Moira el nombre de la luz y del amor. Si nos dice que sí le pedimos que se sitúe en la parte posterior de nuestra espalda, en unión con nuestro chakra del corazón y respiramos muy suavemente.

Unificando nos consuelan energía para restaurar la capacidad de nuestra comunicación interna.

Le pedimos al amado maestro Moira, si puedes poner las manos en la altura de nuestra cervical y pineal, nos puede ayudar equilibrar nuestro ruido mental.

¿Cuán alineadas estamos con nuestro contrato de vida?. Hablando nuestra verdad, ¿si estamos siendo justas con nosotras mismas?, nos damos espacio real para respirar dentro de nosotros e integrar ese camino del autoconocimiento.

No solo hacer los cursos, las terapias, no realmente incorporarlo a mí misma.

Le pedimos si me doy espacio, para escuchar el corazón, independientemente de todo cuánto me llega del exterior.

¿Cómo se encuentra mi chakra de la garganta, si mi palabra es honesta y creativa?.

¿Cada cuánto puedo trabajar con él, para combatir el miedo a decir mi verdad?.

¿Cómo se encuentra mi capacidad para reunir el valor, para enfrentar mis cuestiones y problemas cotidianos?.

Saber si kutumi y Moira, me consideran que ya puedo abrir las enseñanzas del plano de la tierra, que corresponden a otras conciencias sutiles y que están en mí también.

¿Amado Moira es tiempo para abrir mis libros de alma?

¿Me puedes ayudar a construir mi templo interior en esta vida?

Me puedes ayudar a restaurar la ternura, la humildad, la simpatía la tolerancia y la paciencia.....

Y respiramos muy suavemente pidiéndole que nos presentan los seres elemental del aire, que ya pueden trabajar con nosotros.

Que nos ayude a conectar los silfos y todos los seres creadores de aliento de vida, los demás los arcturianos, los ángeles y arcángeles y los dragones del aire

Y respiramos muy suavemente, pidiendo que él y le diga ya regulen mi chacra corazón, para que se vaya unificando esta energía.

Elemental del Agua

El Elemento Agua está relacionado al cuerpo emocional, y la purificación de este cuerpo. En el plano físico, el elemento agua es un gran agente limpiador, y también es uno de los factores claves en el equilibrio

Nos llevan a alcanzar la conciencia cristica o cristal, de unidad. Restaurar la energía amorosa, a tu alrededor. A rodear las dificultades para aprender de ellas y no caer en victimismo, o en hacer nuestro lo que no nos pertenece.

Ordenado el corazón y las aguas emocionales, nos ayuda a reestructurar las habilidades psíquicas, abriéndolas gradualmente, para que sean integradas.

Meditación con el elemental del Agua

Sentimos como la energía del rayo malva, del rayo violeta, suben desde el interior de la Tierra capa por capa de ella, el encuentro con el chakra estrella de Gaia, respiramos muy suavemente.

Y permitimos que esa energía suba como una cremallera de

infinitos, a través de mi chakra estrella de la Matrix, de mi chakra estrella de Gaia, al encuentro de mi chakra base.

Y respiramos muy suavemente, abriendo toda esa conciencia de luz en mi interior. Sentimos como esa frecuencia y esa energía se reparte, y siguen subiendo los infinitos al encuentro del segundo chakra, desde ahí abrir plexo solar, y desde ahí al encuentro de mi chakra corazón, y permito que en su interior esa luz vaya formando una pequeña bolita de luz, en la cual al final en el interior de mi corazón se va formando un cristal.

Mi octaedro dorado se está abriendo dentro de la bolita de luz, siento como el cristal de mi corazón se va consolidando, visualizamos cómo la energía violeta, sigue subiendo en vertical hacia arriba, más allá de mi chakra corona al encuentro con los elementales de mi cuerpo, y sale para abrir un nuevo infinito en el chakra Estrella del Alma.

Respiramos muy suavemente:

Y permitimos que esa energía de luz violeta clara, se reparta mi alrededor generando una nueva esfera de luz. Seguimos respirando, llenándonos de energía.

Y le pedimos ahora a madre Gaia y a kutumi que sostengan el pilar de equilibrio, para llamar a la amada Kuan Yin, el nombre de yo soy en mi invoco a la amada Kwan Yin. 3veces

¿Te esperamos muy suavemente y pedimos eres Kuan Yin en nombre de la luz y del amor?

Si sentimos un si en nuestro interior, le pedimos que se ponga a nuestra derecha con las manos en la altura del chakra corazón, que nos bañe de luz y de energía para ajustar nuestra conciencia el elemento del agua.

Permitimos que se abra nuestra capacidad de recibir emocionalmente. Integrar emocionalmente, en unión con los demás, en este pilar de equilibrio.

Respiramos muy suavemente...

Y le preguntamos cómo se encuentra mi relación con mi cuerpo emocional, aunque a veces construya emociones que no son reales,,, me doy permiso para escucharlas.

Me doy permiso para sentir lo que siente mi campo emocional. Estoy atenta a sus necesidades, para poder buscar las claves de mi equilibrio.

Amada cualquier me puedes mostrar: la conciencia de aquellas dinámicas nuevas, que me ayudarían a integrar la energía amorosa dentro de mí aquellos nuevos hábitos que calmar y han mis emociones o las expandían.

¿Cada cuánto puedo ordenar mi corazón contigo?

¿Cómo se encuentran mis flujos de agua: ¿mi sangre, mi linfa?

Están lo suficientemente limpias, hay algún alimento que me pueda ayudar a que fluyan mejor.

¿Amada Kuan Yin me puedes restaurar la conexión con las ondinas y los seres del elemental

del agua?

Me puedes ayudar al conectar con el dragón de agua y su

aliento, para poder trabajar con él como en la antigua Lemuria.

¿O hay alguna creencia en mí que aún me lo impida??

Vamos muy dulcemente y le preguntamos: sí vivo aprendiendo de mis dificultades o sea un acusó al exterior de ellas. Respiramos muy suavemente. Y le pedimos cada cuánto podemos trabajar con ella para abrir nuestra memoria celular.

Y cerrar toda la conciencia de los miedos.

Para poder ir a los templos escuelas de shambala, y recibir la formación sobre nosotras mismas.

Pedimos a la amada Kuan Yin que se quede con nosotros en este pilar de equilibrio, y pidiendo más luz blanca y platino al universo que me bañé como una ducha, mientras fuera esperando me ayude a integrar la conexión con el elemental del agua.

Elemento fuego

Disolver, transformar y romper, todas las fidelidades, y las energías karmicas, que aún no nos permiten trabajar el segundo chacra, como bomba creadora de vida.

Aprender con ellos a crear un muro protector de fuego, que no permita entrar ninguna energía externa a nosotros, un muro de fuego amoroso, que drene y limpie nuestro campo electromagnético.

Nos ayuda a sostener todas las frecuencias de luz en el interior del corazón. Limpiar en profundidad, nuestras heridas de infancia y transformarnos en una antorcha de luz dorada, es decir poder anclar el yo superior.

Meditación de unificación con el elemental del fuego

Vamos impregnándonos de nuestra propia respiración, nuestro propio aliento. Y vemos como en ese cristal del corazón, se van unificando, e intensificando con unos destellos amarillos dorados y naranjas.

Podemos sentir como nuestro corazón se va unificando, muy suavemente a mi propia presencia mi fuego creador.

Y el fuego creador de mis realidades y respiramos, muy suavemente de nuevo Abriendo toda esa frecuencia de luz a mi propia realidad---

Y permito recibir un rayo de luz naranja, desde la madre Tierra, que me sintonice con el rayo oro rubí, que la energía suba a través de la madre Tierra, entra en mi cuerpo a través del chakra estrella de la Matrix, respiro suavemente, y permito que esa frecuencia de luz se dirija ahora al segundo chakra, en unión a mi plexo, desde ahí a mi corazón.

Respirar profundamente tres veces, siento como la luz del corazón se expande hasta mi plexo solar y mi chakra de la garganta, y recoge también mi segundo chakra y mi sexto chakra, abriendo así el canal de feminidad, el canal del fuego sagrado en mi interior.

Siento como el respirar esa energía, se va ensanchando se va llenando de fuerza, y acaba por envolver todo mi cuerpo, tú sí viendo la luz dorada del universo y la luz naranja de la madre

Tierra, hacienda de mi cuerpo el templo de mi fuego creador.

Respiramos muy suavemente y en este espacio, en esta esfera de luz que ha nacido de mí, invoco llamo al Arcángel Uriel,

Nombre de yo soy en mi invoco al Arcángel Uriel. 3 veces

Respiramos muy suavemente y le preguntamos si es Uriel el nombre de la luz y del amor. Si nos dice que, si, le pedimos que se coloque a nuestra derecha, para sellar este pilar de los cuatro elementos en mi corazón, con las manos a la altura de mi corazón, para ajustarme con el elemental del fuego

Y voy respirando muy suavemente, a medida que respiro, veo como la esfera de luz de mi corazón con el plexo y la garganta generan una onda de luz que me envuelve todas,

Eso es mi muro de protección del amor divino, que corta todas las fidelidades, las energías karma y todas las bandas que me unen a otras conciencias contra mi voluntad.

Y respira muy suavemente, viendo como es elemental de fuego va haciendo circulitos, y va quemando esas cuerdas, esas cadenas esos hilos, de luz que no nos permiten avanzar a ninguna de las dos personas, lugares, tiempos experiencias.

Respira muy suavemente, sintiendo sus remolinos de fuego creador, que van unificando mis células, mi conciencia y mi presencia....

Seguimos suspirando y le pedimos al arcángel Uriel: si ¿estoy preparada para trabajar con elemental del fuego?

Sí ya puedo trabajar con las salamandras y aprender de ella

para construir mis realidades. Si me dice que no, pregunto ¿cómo se llama el patrón de conducta que me lo impide? Si me dice que si, le pido por favor que me ayude a trabajar con ellas

De nuevo respiramos muy suavemente y le pedimos si está activado mi corazón en unión a mis manos.

Mi octavo chakra no solo para dar energía de curación como el Reiki, sino también para magnetizar restaurar y llenar de vibración aquello que toco hola frecuencia de mis palabras cuando hablo.

Nos tiramos muy suavemente y le pedimos que nos ajuste el canal del octavo chakra. Pedimos si estamos progresando para integrar mi espíritu

Le pedimos si nos puede ayudar a enraizar las cosas materiales, si podemos trabajar con el cuándo no hay abundancia o cuesta que se enraíce la materia en tiempo concreto.

Y le pedimos que a través de ese fuego sagrado que es mi corazón, me ayude a entrar en un estado de visión profunda, de acuerdo con mi plan de alma.

Y que nos ayude por favor a buscar aquel don o regalo qué es el fuego sagrado. aquella capacidad que tengo para transformarme y que a veces no confío en ella.

Le pido que me recuerdes cuál es mi mejor herramienta interna....

Le pido que me ayude a limpiar en chacras. de forma gradual

aquellas memorias que ocultan mi mayor don.

Estiramos muy suavemente, y le pedimos por favor ¿cada cuánto podemos trabajar con él, para ir recuperando nuestro segundo chakra y nuestro plexo solar?.

Y podemos sentir como el sol de nuestro corazón, ilumina mis células mi cuerpo mi casa mi ciudad y mi trocito de planeta, para conectarse con otros soles alrededor de la Tierra.

Y respiramos muy profundamente, muy profundamente respiramos sintiendo como eso energía atrae a mí a las personas con las que me puedo conectar, para crecer, aunque a día de hoy sean un poco desconocidas.

Pero que podría reconocer a través del fuego de mi corazón

Le doy las gracias a los 4 por este pilar de equilibrio les doy las gracias y los dejo marchar, así como a sus elementales y a sus dragones.

Suavemente respiro después de ir integrando los mensajes y me abro a recibir toda esa energía de amor, y voy moviendo mis piernas, respiro, mis brazos, las partes del cuerpo que están activas, muevo mis brazos, la cabeza y cuando lo sienta abro los ojos..... volviendo a la realidad presente.

Para que me sirve la practica con los elementos, en pleno siglo XXI

El cuerpo humano es un equilibrio entre ellos, como ya dijimos. Y yo soy una mujer humana, en primer lugar, me ayudará a regular mi cuerpo físico, en segundo lugar, me abrirá la conciencia, a otros planos, de vida.

Muchas mujeres, enferman, no solo por temas de salud o emocional, sino por olvidar su mujer ancestral sagrada, el conocimiento está dentro de ellas, y sale a veces de forma espontánea, otras lo han de rescatar ante una situación difícil o limite, pero lo que dará forma a esos elementos es la voz y la luz interna que tú te atrevas a exteriorizar o confiar en ella.

Somos luz como frecuencia y somos química, y todo ello nos construye, es fácil en casa podemos tener agua líquida, si los átomos están en equilibrio. Aqua en vapor si los átomos están muy lejanos entre ellos, o cubitos de hielo si están muy juntos, todo es agua, pero como se manifieste físicamente dependerá de sus enlaces químicos, bien en ti los enlaces químicos, son las emociones y las creencias, y por ello equilibrarlos, te devuelve a la paz interna, y empiezas a irradiar confianza en ti misma, se te hará difícil, dudar de ti, si colocas todas esas energías de tu cuerpo físico, y ello, modifica toda tu vida exterior, alimentación, sueño, relaciones, sexualidad, todo......

Volviéndote simple y sencilla, alegre y dinámica, porque dejaras de estar en lucha contigo misa.

PRÁCTICAS MÓDULO 4

Módulo 4. 4.1. - Primera reflexión

Todos estamos hechos para expandirnos, la clave de la expansión es estar alineados con nuestra vida, todos tus actos, tus palabras, tu energía, en una sola frecuencia, la frecuencia de mostrarte y ser tú misma.

Se trata de comprometerte realizar, diariamente, todo lo que te permite tener una energía alegre y expansiva.

Descanso, alimentación, entorno, trabajo, amor, todo alineado en una sola dirección.

El reto que estamos asumiendo en este círculo de mujeres, es vencer el dolor, para nacer en el estado de alegría, la alegría de hacer lo que tú quieres hacer en el tiempo presente, alegría mientras lo haces, alegría de compartir tu sueño con las personas que te apoyan, aunque no hayas terminado el proyecto, ni sepas por dónde empezar, ha de estar presente la alegría del corazón, que conecta con tu luz y quiere empezar.

Pregunta de hoy es muy sencilla:

¿Eres la misma persona en todas las partes de tu vida?

¿Te muestras igual en casa que en el trabajo, que, con los desconocidos, que con aquellos en los que confías?

Ese es el gran reto para activar tu propia luz, soltar todos los personajes de la mujer que sobrevivió, y hablar desde el corazón a todo cuanto te rodea, tus palabras, tus acciones, tu energía para mover la realidad, todo en una misma frecuencia... ¡¡¡TÚ!!!

Se sincera contigo misma y repasa, si realmente estás siendo tú, en todas las partes de tu vida.

Módulo 4. 4.2. - Segunda reflexión

Todas las hermanas de la madre Tierra, al igual que la hermandad de hombres del masculino sagrado, son protectoras, defensoras y practicantes, de la energía del divino femenino.

Has iniciado este viaje para tener la fuerza de ser tú misma, para recordar tu femenino más sagrado.

Estamos a punto de poner la fuerza en el propio interior; a veces parece que nos aferramos a repetir lo que nos atrapa, pero a la misma vez todo lo vemos con claridad y mucho más rápido, gracias a que la mujer de hoy se está alineando con su propia alma.

Si eres sincera contigo misma, sabrás que la mujer que eras hace unos meses,

ya no es sostenible.

En otras partes de nuestro trabajo hemos hablado de la capacidad de recibir, y es de suma importancia que entendamos que, para tener una salud en expansión y un sostén económico, físico, alegría, hemos de permitirnos recibir.

Y es muy fácil de identificar, podemos leer el registro a otros, o hacer una meditación a otros, pero nunca hay tiempo para nosotras, o no podemos hablar con la niña interior, o no escuchamos lo que nos dicen los Guías. Ahí reconocemos que aún sigue la desconexión con nosotros.

Para que veas que no todo es tuyo, te planteo una profunda pregunta. Si miras el linaje de las mujeres de la familia:

¿Cuáles de ellas tienen la columna desviada?

¿Cuántas tienen problemas en el lado izquierdo del cuerpo, incluido el tobillo?

No importa que no conozcamos tres o cuatro generaciones atrás, hay fotografías; mirémoslas cómo si las viéramos por primera vez, veamos su espalda, sus columnas vertebrales. Observaremos que el peso de la negación de una misma viene de muy atrás.

Ahora en pleno periodo de transición entre eras, es tiempo de dejar que mi unión con ellas se derrumbe, para que podamos regalarles la liberación a todas ellas, y la sacralidad, lo sagrado que significa ser mujer.

Te invito a pedir luz dorada a la madre Tierra, que te envuelva como un gran huevo de luz.

Pedimos al universo un rayo de luz violeta, que baje en espiral y entre por tu chakra corona, directo a tu corazón.

Pedimos que ahí empiece dibujar un infinito, que vaya girando sobre sí mismo, tras varias respiraciones.

Cuando lo sintamos, empujamos esa luz, por detrás de

nuestra espalda cortando cualquier punto de unión o cordón energético, a nuestra madre, nuestra abuela, bisabuela, y a todos los seres femeninos que están unidos a mí.

Mientras, decreto: "Sé que soportaron ustedes mucho, y que lo vivieron totalmente dormidas. Aquí, ahora, juntas en este momento, libero esta cadena de dolor que nos une".

Y vamos viendo como la energía sale de mi espalda, entra en el corazón de mamá y sale por la espalda de mamá, entra en el corazón de la abuela y sale por la espalda de la abuela, a la altura del corazón, y así, una tras otra, hasta el infinito, todas las mujeres de mi linaje.

Respiramos profundamente de nuevo, y le pedimos al universo un rayo de luz blanca, que rellene todos los huecos que han quedado, al desconectar las hebras de dolor y de olvido de una misma.

Seguimos respirando y pedimos a esa luz blanca, que irradie por delante de mi corazón y por detrás de él, como si generase todo un abanico de luz en mi pecho.

Respiramos suavemente varias veces, nos giramos para mirar a todas esas mujeres, que estaban detrás de mí, y decretamos: "Aquí estoy, soy todas ustedes, y ahora que me voy a encontrar conmigo misma, sanaré profundamente la herida de abandono. Aquí estoy, para que esta luz que nace de mi pecho, se una a ustedes, en el plano de vida donde se encuentren, para cuando la quieran reactivar. Mi luz, es la sanación de su propia luz. Yo soy una con ustedes, viviendo mi vida en presencia y en presente. Decidiendo por mí y para mí. En esta conciencia, nos libramos todas en amor".

Les damos las gracias, las dejamos marchar, y pedimos al universo más luz blanca, que nos vaya bañando mientras respiramos varias veces. Así como más luz dorada la madre Tierra, para que ambas se encuentren en mi corazón, y refuercen todas mis células, recordándoles que estamos conectados a la vida en todo momento, sintiendo la fuerza creativa femenina sagrada, qué libera todo mi cuerpo, reavivando la energía natural en mí, situada en la base de la columna vertebral.

Respiro varias veces, permito que mi cuerpo se reajuste y cuando yo decida, cierro mi aura, al tamaño normal para ser yo misma.

Respiramos muy suavemente y pedimos que esa frecuencia de luz permanezca en mí, movemos el cuerpo, y volvemos a la presencia, para abrir los ojos, cuando sintamos.

Recordemos todas, nuestro cuerpo es tan sagrado como nuestra alma, y que lo podemos reactivar desde la fuerza del divino femenino, cuando nos permitimos recibir lo nuevo.

Módulo 4. 4.3. - Tercera reflexión

Acabas de decirle un sí a la vida; con el ejercicio anterior le has dicho sí a tu linaje, y cuando emites la vibración de un sí, inmediatamente la vida se abre a tus pies.

Sostenerse y dejar que la vibración hable por ti. Es tiempo de definir la mujer que tú eres, aunque creas que partes de ella aún no pueden ser, por economía, por familia, por trabajo... sostén lo que sabes que eres, y di cada día "yo soy eso".

La mejor manera de tomar conciencia de tus palabras, y ver si se sostienen con la vibración que hay dentro de ti, es decirlas en alto.

Tus células responderán a tu voz y magnetizarán lo que viene del exterior.

¿Cómo saber si realmente estás ahí?

Muy sencillo, cuando hables de ti en voz alta, diciendo "yo soy eso", observa si tu voz tiembla, si ríe, si te quedas sin voz, si sientes pasión... a partir de ahora, repite varias veces quién eres tú, en voz alta, y observa cómo es tu voz.

Escríbete a ti misma. Si no sabes que decir, escribe lo que más necesites oír, lo que te hubiera gustado recibir, una palabra amable, un abrazo. Escribe y describe hacia dónde estás dispuesta a encaminarte.

Inventa un agradecimiento o decreto, es decir una frase de gratitud hacia lo que tú eres.

Por ejemplo:

"Agradezco a la madre Tierra la oportunidad de ser artista. Aunque a veces tema no hacerlo bien, estoy dispuesta a fallar hasta que lo consiga, porque sé que la madre Tierra me sostiene, y doy gracias por ello"

Esto es la típica oración de gratitud celta, un irish blessing.

Para encontrar tu auténtica voz, habrá muchos fallos y habrá que probar cosas nuevas, a veces verás que toses, incluso cuando expresas tu autenticador, que es expresar tus necesidades e ilusiones. Yo, durante 5 años, tosía en todas las conferencias de la hermandad de la Rosa. Mi pánico a ser vista en mi cometido de vida cerraba mi propia voz.

Por eso escribir una carta expresando quién eres tú, y dónde quieres estar, y leerla en voz alta, te va a mostrar donde tiembla un tu voz, que áreas de tu vida tienes que atender, hasta que tu niña interior pueda expresar la luz de tu corazón.

Es tiempo de decirle a la vida cuanto te gusta la que eres y adónde vas. Confía en que tienes un mensaje importante que comunicar al universo, para que lo tenga que y oír lo reciba. Porque de tu corazón se distribuye por la rejilla de luz de la Tierra, y entonces te reciben las almas afines a ti.

Cuando compartimos nuestra historia, la familia de alma se acerca a ti.

Módulo 4. 4.4. - Cuarta reflexión

Vamos a centrarnos en las capas de protección de cada una, vamos a dedicar unos días a fortalecer la propia naturaleza.

Durante muchas vidas hemos acumulado protecciones y votos de silencio, eso ha hecho que cerráramos nuestro deseo de vivir, nuestra creatividad, nuestra voz, la propia luz, la magia.

Aun así, hemos querido volver a la Tierra, nacer de nuevo aquí, justo en este momento.

Hay una fuerza muy importante en nuestro femenino, que nos une a la madre Tierra, aunque nos habían perseguido por muchos siglos. La fuerza de la Tierra es el despertar de toda mujer.

A ninguna mujer se le ha podido enseñar nunca nada, somos intensas, somos rebeldes, pero esa rebeldía hace que continúen nuestras familias y las saquemos siempre adelante.

El problema es cuando renunciamos a esa fuerza y ese poder divino, para encajar donde no pertenecemos, incluso cuando queremos encajar en el mundo de los hombres y nos masculinizamos.

Cuando caemos en vacío o llanto, realmente hay una desconexión con la fuerza de Shakti, del segundo chakra. Nos desconectamos de nuestra sabiduría innata, y nuestra energía sexual creadora.

Esa energía del segundo chakra, cuando está en equilibrio, envía ondas a los ancestrales, y a los seres que dependen de nosotros hacia el futuro.

Por ello cuando una mujer está siendo llamada, tiene un periodo de lucha muy fuerte, entre su hábito y su consolidación.

Todo el tiempo que dedicamos a la sanación, es mucha disciplina, es conocer nuestra parte más oscura, es decir los vacíos y fugas de energía interna.

Quizás lo más duro sea volver a la sensibilidad, atrevernos a ser vulnerables, después de ser verdaderos hombres luchadores, jubilar a esa guerrera, y pedirle que se convierta en artista de lo nuevo, creadora de vida y dejé de defenderse.

Para abrir la bomba o el grial del segundo chakra, hay mucho trabajo para darte permiso a ser transformada.

En este punto, sería muy importante que, a día de hoy, te plantearas una respuesta a esta pregunta:

¿Qué estás evitando sanar en ti?

Si eres sincera, hay una parte de ti que aún no quieres asumir.

Cómo es esa parte de ti, que te está llamando para que lo resuelvas, y la niña interior no quiere bajar el control.

Si no sabes por dónde empezar, es muy fácil, mira en tu vida que está estancado, o fijado como si no pudieras moverlo, ahí hay algo que estás sosteniendo, para que no explote.

Cuando la fuerza de la tierra, el Shakti de las viejas formas de ser, que creamos para sobrevivir, nos estallan seguro.

Así que la reflexión de hoy es que te asomes y mires, estás frente a aquello que sabes toca resolver ahora.

Módulo 4. 4.5. - Quinta reflexión

Hay una fuerza espiritual que conecta la vida en su conjunto, esa fuerza es el mayor don del divino femenino, es el amor incondicional.

Aunque no lo creáis, las mujeres siempre perdonan, siempre acogen, siempre median entre varios, siempre se ponen a su servicio, incluso con su propia vida.

Es por ello por lo que una mujer tiene la fuerza imparable de traer vida a la tierra, y también hay un campo vibratorio en el interior del útero, que es lo que se asignaba a las diosas o sacerdotisas.

Independientemente de si es madre o no.

Por ello tu cuerpo es sagrado, tu sexualidad debe ser sagrada, porque tú misma eres sagrada.

Hace unos años, en plena clase, después de una gran agresión a una profesora mía, por parte de otra mujer, quedé tan bloqueada que no podía recibir ni siquiera un abrazo. Entonces Kuan Yin me regaló un decreto:

"Me abro a este hombre y quiero recibirlo. Me abro a liberar toda la calidez de mi interior. Me abro asumir mi sexualidad, como un acto de luz".

Eso me permitió sanar el miedo que me bloqueaba, cuando lo recitaba en mi interior toda la lucha de mi cuerpo cesaba, porque quería amar a mi pareja y que él no sufriera las consecuencias de mi agresión sexual.

Es el mayor regalo que he recibido de los maestros, muchas familias han podido rehacer, una vida sana, porque cuando una mujer ha sido agredida y tiene una relación que ella domina, no hay ningún problema, incluso puede rechazar a todo el mundo; pero cuando una mujer ama y es amada, ahí surgen todos los bloqueos más profundos del interior.

El rechazo a sí misma vuelve a salir, la herida de desvalorización, no soy lo bastante buena para recibir amor.

Por eso, hoy te invito muy profundamente a que escribas una lista todas tus creencias acerca de tu cuerpo, cómo te ves y cómo te gustaría verte. Y al mismo tiempo, todas aquellas informaciones que vinieron de mamá y de papá, sobre tu sexualidad, y cómo te han condicionado y programado.

No se trata de mirar atrás con rencor, sino de asumir desde donde partimos, para sanar tu segundo chakra.

Es tiempo de poner la verdad sobre aquella energía que está en tu lugar más sagrado, como Dios en la tierra. Para que puedas liberarla, debes conocerla.

Sé sincera contigo misma, revisa cómo te conformabas, o como te escondías, para poder poner fin a todo ello.

Módulo 4. 4.6. - Sexta reflexión

Las heridas más grandes son las que nos autoinfligimos, para estar alineado con todo el mundo y con ciertas parejas.

No hemos nacido compartir el camino con todo el mundo.

Una relación, es un acto sagrado, un regalo que recibo del otro y que doy al otro, en todas las relaciones de mi vida, incluso conmigo misma.

Muchas de nuestras relaciones son fractales de conciencia que estoy tratando de sanar y entender, no son para adaptarnos a ellas, son oportunidades de adentrarnos en nosotras mismas y en nuestra energía sexual.

Repasemos si aún a día, en realidad:

¿Alguna relación, sexual o de amistad, te impide expresar tu voz?

Recordemos a nuestra niña interior, que el mayor servicio a la humanidad es ser nosotras mismas; eso nos sana a todos, porque no hemos de desempeñar ningún papel, ni pacto de alma, para conseguir reacciones. Todos podemos crear vida, si cada uno está en su lugar.

Módulo 4. 4.7. - Séptima reflexión.

Una vez hemos dado el paso de aceptarnos a nosotras mismas, tal cual somos, es cuando el Universo viene a ponernos a prueba a todas.

Es un examen sobre la mayor herida que tenemos, la del rechazo, y que nos afecta a nivel personal, sensorial y sexual.

Siempre, ante la consolidación de tu cuerpo físico y de la fuerza natural que hay en ti, surge un reto tras otro, para ver si eres capaz de expresar con total sinceridad, y sin reservas, lo que sientes.

Un reto de alma, para ver si vuelves a rechazarte o a postergarte, a ti misma.

Y en esos retos lo más importante es observarte a ti, ante esa nueva pareja o esa nueva relación, como estamos respondiendo a lo que sucede.

Lo más importante en todo momento es el proceso: ¿cómo actúo?, ¿cómo me comporto, puedo expresar mis límites sin defenderlo?

Cuando nacemos sostenemos un ciclo de vida, cuando el ciclo de vida es restaurar la feminidad, la energía sagrada de la propia sexualidad, cada día es un pulso con nuevas personas y nuevos retos, para que sigas siendo un ser de luz en el mundo, para que no te abandones, ni te olvides de ti en relaciones que son espejos.

El amor no es sufrimiento, el amor no es luchar para tener, el amor es la paz mental y de tu memoria ancestral. El amor, es sentirte igual ante la pareja con la que haces el amor. Sin ninguna lucha de poder.

La naturaleza sagrada de la mujer, tanto en su ciclo menstrual, como en su sexualidad, como en sus emociones, siempre es cíclica.

El mundo del divino masculino es lineal, con un foco y una intención.

Por ello existe el compartir, para el masculino (ya sea hombre o mujer, hablo de género masculino, no de sexualidad) se trata de construir. Por eso, la unidad es cuando ninguno gana y cuando todos recibimos.

Plantéate bien, si tienes o no pareja actualmente.

Esta es la pregunta de hoy:

¿Hacia dónde miras?

¿Estás mirando hacia dentro o hacia fuera, estás buscando o recibiendo?

Cuando estamos desconectadas de nuestra energía femenina, sentimos que tenemos que hacer o dar mucho al otro, para ser dignas de recibir.

Pero eso es una programación: Hay que hacer para conseguir.

El divino femenino magnetiza desde su segundo chakra. Tienes que vivir en constante paz, de una nueva energía.

¿A qué posibilidad me estoy abriendo realmente?

Ese es el reto de hoy: identificar si ya estás anclada en el femenino, que se abre a recibir a los demás, o quizás aún tienes que descubrir alguna emoción, que, en ocasiones, nos lleva más a aprender que a sentir.

Módulo 4. 4.8. - Octava reflexión

Ahora que te conoces como mujer, estarás de acuerdo conmigo en que, ya no te sirven las relaciones que se basan en la supervivencia.

Al darle cabida a tu libertad, los roles clásicos de pareja sin importar el género ya no llenan tu corazón.

Para una mujer que elige ir al encuentro de su feminidad, las relaciones han de ser completas, como lo es ella.

Los integrantes de la pareja son seres de amor, que han incorporado su femenino y su masculino en su interior.

Cuando hemos construido la tarea de buscar nuestra polaridad, y llevarla a un estado de neutralidad, se refleja en todo: nuestra economía, nuestro descanso, nuestra salud..., estamos en un estadio de creación constante y recogemos todo el trabajo sembrado.

Cuando una mujer está en estado de unidad, está también en

estado de libertad, en ese instante el amor se basa en la confianza mutua.

Y no cabe ningún tipo de relación tóxica, sabemos detectar el abuso de poder y la sumisión a la primera palabra.

Las relaciones tóxicas son parte de nuestro pasado, un empaste, un reflejo de nuestra propia toxicidad.

Para ello te invito a hacer una lista real de las parejas importantes de tu corazón, las que te aportaron la creencia de un amor verdadero, y que has descubierto que solo era un aprendizaje, con un coste muy alto.

Traza una lista de las cuatro características más destacadas que tenían, cada una de ellas.

Y sé sincera contigo misma, observando si son parte de las heridas, que posteriormente tú has podido sanar.

Quizás descubras, que alguna de ellas aún está en ti.

Una pareja es una parte de tu vida, y es la totalidad de ti. Pero cuando no temes nada, y te abres a sentirte a ti misma, tampoco tienes miedo de perder esa pareja, ni desarrollas hábitos que os encarcelen.

Cuando una mujer está sana, es el catalizador del éxito de su pareja, desea su libertad y el beneficio para ambas partes.

Para ello lo más importante es que tú seas feliz, para portar la felicidad al otro.

Cuando tengas la lista de aquellas partes que crees que ya has sanado, añade cinco cosas que te gustaría fueran admiradas en ti.

Pues aquello que sea admirado en ti, será lo que admires en tu nueva pareja.

Lo que eres capaz de reconocer en ti, lo encontrarás en el exterior.

Módulo 4 4.9.- Novena reflexión

El cuerpo físico de toda mujer es un templo entre planos y mundos, un receptor universal de energías, que en su interior toman forma, tanto física como emocionalmente. En realidad, es un instrumento para la expansión de la alegría y el placer.

Cuando una mujer se permite experimentar ese placer, es cuando realmente se consolida.

Quizás, durante la época más fértil de una mujer, es cuando más le pesan todas las creencias que limitan su mente, y cuando la mujer es más el instrumento de un hombre o pareja que de su música propia, en diálogo con su amante.

Si a eso le sumamos todos los miedos, la sexualidad se convierte en algo disociado de nuestro corazón, y buscamos la culpa en los traumas, o en nuestra pareja, cuando en realidad es falta de diálogo con nuestro interior.

Ninguna mujer puede experimentar una apertura de kundalini, si su mente no está en presencia cuando hace el amor.

Estrés, cansancio, miedo, falta de sueño, todo ello nos llevará a crear un clima de rapidez y tristeza, buscando cada vez más, lo que alejamos nosotras mismas de nuestro cuerpo.

El cuerpo humano de la mujer tiene miles de puntos, se reciben la energía sexual, no es necesario una genitalidad.

Pero, para ello, hay que expresar lo que deseamos de la otra persona, lo que nos hace estar bien cuando estamos con la otra persona, desde una caricia hasta una risa, y eso implica expresar y reconocerse como una mujer sexual, con todo el peso histórico y del transgeneracional sobre nosotras mismas, más la herida de vergüenza social.

La práctica sexual no va a abrir tus canales, ser sincera contigo misma y con tu pareja, sin temerle, ni abrir la herida del ridículo o el rechazo, es lo que va a permitir que tu cuerpo se expanda, a todos los niveles, en una relación.

Estás decidiendo mostrarte creativa y juguetona, permitiéndote no pensar en un final, sino disfrutar de la conexión emocional del proceso.

Por ello, el ejercicio de hoy va a necesitar una silla:

Nos sentaremos delante de una silla vacía, que representará a nuestro amante ideal o el amor de nuestra vida. No importa si tenemos pareja o no.

Vamos a expresar aquellas cosas que nos gustaría sentir, como si habláramos con la otra persona. Vamos a pedir lo que nos gustaría experimentar, sentir o recibir.

Al mismo tiempo, veremos cómo nos sentimos al expresarlo, si estamos incómodas, si nos da la risa, si nos entra calor, si sentimos enojo, rebeldía, si el otro no nos comprende, si no nos vemos capaces de expresarnos aún.

Todo cuenta: lo que deseo, como me siento al desearlo, como reacciona mi cuerpo, si suda y se contractura, si me duele la barriga.

Todo lo que sucede son barreras a mi propia sexualidad.

Hoy me permito observarlas, para comprender cuales son las creencias que están detrás, y cuáles son las creencias sobre mí misma y mis necesidades.

Soy una mujer, sin importar la edad, que merece recibir una buena energía sexual, sana, expansiva y con amor, pero ésta no llegará hasta que yo me atreva a expresar y reconocer como me comporto, ante la sola idea de cambiar mi sexualidad.

Módulo 4. 4.10.- Décima reflexión

Las relaciones de pareja no son relaciones de ningún otro tipo, no se planean, no se controlan, no se viven por etapas. El verdadero amor no cumple ningún plan, ni responde a la mente.

No podemos liderar ni planificar una cita, porque excluimos al otro.

Es habitual que las mujeres proyectemos nuestras inseguridades en el otro, o bien dominemos la relación, para no sufrir y tener el control. En ninguno de los dos casos habrá progreso, sólo aprendizajes que, en función del miedo, serán más o menos dolorosos.

Tu mente entra en bucle planificando el recorrido, una y otra vez, calculando las variantes, o bien ya no acude a ninguna cita...para que.

¡¡¡Para amar!!! Si señoras y señoritas, amar y ser amado es la clave de la vida, y el mayor regalo en este planeta.

El miedo al rechazo, el miedo al abandono o a sentir, entre muchos otros, son los que nos llevan a estar fuera del cuerpo físico, lejos de nuestro presente y presencia.

Es tiempo de reconocer una relación amorosa, como un tiempo de juego, de disfrute, de reconocerse, de experimentar sin el ayer y sin el mañana, simplemente reconociéndose en el otro. Cuando no pides un mañana, el mañana surge de verdad.

Recibir es la clave de toda relación, y lo olvidamos desde el control, hasta que alguien se canse de controlar, o el otro se asfixie de vivir así.

Nadie está en deuda en el amor porque recibamos de nuestra pareja, nadie es frágil por dejarse cuidar o mimar.

Cuando te atreves a recibir sin tener que devolver, abres el portal del amor real, porque disfrutas de recibir y la otra persona no se sentirá rechazada.

Sé sincera contigo misma, tengas o no pareja:

¿Cuántas veces diste por miedo a no estar a la altura, o a perder al otro?

¿Te atreverías a iniciar algo sin controlar el mañana?

Desde la verdad sin ilusiones, sólo recibir y conocer a alguien, un simple café:

¿Dejarías entrar alguien nuevo en tu vida amorosa?

¿Permitirías que quien esté contigo se reinvente y te descubra un algo nuevo?

Responde con amor estas preguntas, a la vez observa lo que piensas sobre ellas, y sabrás lo que piensas sobre ti misma.

Módulo 4. 4.11. - Undécima reflexión

Igual que tenemos un grupo de creencias que nos limitan, también somos capaces de saber lo que desea nuestro corazón y que tipo de vida queremos vivir, a eso que podemos llamarle creencias expansivas, mi nuevo contrato conmigo misma, para hacer una mujer sanada.

Ya no tenemos que responder, a la ansiedad de cuándo se va a acabar lo que nos asfixia.

Es tiempo de ordenar mi prioridad. En la vida las cosas tienen el significado que nosotros le damos, es el reto de este planeta.

Pero la mujer sacra, la mujer que está en unión con su diosa, tiene el poder de darle el significado a lo que elige vivir.

Una diosa, es una mujer que habla desde la comunicación asertiva, es decir elige hablar desde como ama, hasta lo que desea amar.

No vive desde la autoestima, ni desde la herida; observa lo

que ocurre, lo que dice y hace cuando sucede una situación, no evalúa, ni juzga, solo valora como se siente, si está centrada o alterada; identifica profundamente cuál es el deseo que hay detrás de las palabras que va a emitir como respuesta, si va a poner unos sentimientos que construyan, no que aumenten la situación, porque ya no tiene necesidad de ser nada para nadie, solo para ella misma. Darse espacio para expresar todo lo que vio dentro de ella ante esa situación, o relación, intención ninguna porque pudo identificar lo que había dentro de ella.

Ya no hay creencias limitantes, solo existen sus creencias creadoras.

Por ello, hoy te invito hacer una lista de nuevas creencias sobre ti misma, que transporte, en expansión el corazón, y que sean muy sanas.

Te voy a poner tres ejemplos, pero te voy a pedir quince, como mínimo.

Ejemplos:

Soy valiosa, pude superar muchas cosas, ahora esa energía la puedo usar para crear cosas nuevas.

Aprendo en cada momento, aun cuando las personas sean un espejo de mí.

Cuanto me rodea tiene su propia historia, nada de lo que ocurre a mi alrededor es personal contra de mí

Todas somos una en la madre Tierra.

Soy un ser de luz, a salvo en cada momento.

Son solo ejemplos, pero me gustaría que no escribáis rápidamente, sino que realmente os planteéis que cada una de ellas es una semilla, para que crezca el jardín de la paz, en vuestra nueva forma de vivir.

Módulo 4. 4.12. - Duodécima reflexión

Cuando nosotras nos tenemos a nosotras mismas, todo cobra sentido. Celebramos la vida de forma intensa, incluso en los procesos más profundos, porque te das tiempo para mirar tus heridas, y comprendes que eres afortunada a cada paso.

Pero cuando te sientes rebelde, no tomas conciencia de que eres quien corta el camino a ti misma, entrando en un bucle cada vez más asfixiante.

La propuesta de hoy es ser rebelde a nuestra rebeldía, enfocarnos en cambiar lo que sabemos positivamente que es fruto de nuestro rebote a la vida y lo que nos tocó vivir.

Vamos a atrevernos a ser rebeldes, contra todo aquello que saca una y otra vez a relucir lo que nos daña en la vida. Rebelde contra mis dramas y mis miedos.

Hoy elijo cambiar el foco del exterior como causa, elijo mirar dentro de mí, como la que mira siempre para tener algo con que pelear.

Hoy es el día en que puedo transformar mi ego, de la liberación de mi propio ego, sin importar de donde viene, ni a donde va.

¿Hoy podría ser tan valiente, como para ser cariñosa conmigo misma?

¿Para sostener la parte de mí que cree que no es tan valiosa, que se enojó al no pertenecer y se enoja al querer encajar?

Hoy voy a sostenerme a mí misma, en mi versión más terca, y cansina, le pediré que me muestre lo que aun a día de hoy me enoja de otros, y me aleja de mí.

Voy a ser sincera, haciendo una lista de lo que aún estoy reivindicando a otros. Miraré bien, seguro un hay un par de cosas respecto a las que podemos dejar de luchar, y lo reconvertiré en luchar para confiar en mí misma.

Módulo 4. 4.13. - Décimo tercera reflexión

La energía universal no tiene exclusividad con nada ni con nadie, todas las mujeres de la tierra la poseen en su interior, solo existen las barreras que nos han puesto, para que podamos afrontarlas y reconocernos, como seres divinos.

La fuerza del amor es expansiva, no hay ninguna norma que pueda decirnos cómo amar y desde donde amar.

Cuando una mujer se va haciendo cada vez más presente, sus códigos genéticos naturales, que la unen con la luz de su corazón, hacen que ella crea que tiene más poder, pero en realidad, lo único que hace es confiar en ella misma.

Nadie necesita que sea una mujer empoderada, tan solo hay que ser una mujer presente, sincronizada con su matriz solar.

Pensar que hay una vibración más alta que la que uno posee en realidad, también es una creencia.

La vibración es constante, es una y está aquí para todas y todos.

Pensamos que tenemos vibraciones más bajas, porque lo vemos desde el pensamiento humano. Solo hay más cantidad de expresión de tu vibración, o menos.

En estos días vamos a iniciar un periodo, donde diferenciar amar las cosas abstractas, de las cosas reales.

Todas nos hemos llenado la boca, con la palabra amor universal: yo amo a la tierra, yo amo a la humanidad, es sencillo, porque es abstracto; yo amo a mi hermano, yo amo a mi vecino, es complejo porque real.

El reto de hoy es dejar de engañarnos a nosotras mismas, es afrontar una sola pregunta a tu corazón:

¿Dónde, aún no te ves capaz de estar?

¿Con quién, no eres capaz de aguantar más de diez minutos?

Se realista, estamos aprendiendo, ¿aún hay alguien que te saca de tu eje?

Mírale profundamente, mírala profundamente.

Y en esa mirada de certeza, de compromiso contigo misma, observa si es tan grave como la fuerza que tu mente le da.

Toma conciencia de cuántas horas al día ocupa tu

pensamiento.

Y lo más importante, habla de ello, escribe sobre ello y luego déjalo ahí, come algo y vuélvelo a mirar.

Piensa:

¿Cómo sería vivir sin ese conflicto?

¿Cuántas horas de tu vida habrías podido dedicarte a ti, en vez de defenderte ante esa persona?

Y consulta con tu niña interior, si vale la pena seguir dedicándoselas. Ahora realmente es importante apreciar las horas de tu vida, porque el tiempo es el mayor regalo del universo para crear.

Y cuando el foco está en intentar que algo no sea amor, o dominar como debería ser ese amor, nos agotamos internamente. Ahí estamos hoy, en mirada del conflicto interno.

Módulo 4. 4.14. - Décimo cuarta reflexión

Creías que tu podías controlar, incluso aquello que aun te saca de tu corazón, pero la vida siempre sigue, y cuanto más intentas fijar tu foco en el pasado, más te desvías de ella.

¿Podrías mirar en tu interior, y ver que tiene fecha de caducidad?

Hay que tener mucho valor, para soltar lo que no alcanzamos a entender, y volver a nuestra vida. En vez de perder la vida intentando que algo cambie, o lo podamos entender.

Cuando dejamos de creer que, para ser productivas, hay que controlarlo todo, es cuando realmente, restauramos el manejo de la energía y el tiempo. Estar ocupado todo el tiempo no conduce a nada.

La vida sigue expandiéndose, transformándose, mientras tú crees tener el control y cuando llegas con una propuesta, ya no vale, todo cambio y tú te agotas o encierras en ti misma.

¿Qué parte de tu vida, puede irse, para expandir tu corazón, abandonando la preocupación?

Módulo 4. 4.15.- Décimo quinta reflexión

Este periodo de encuentro contigo misma, es el momento en el que la vida te está pidiendo que confíes en ti misma, y es muy sencillo porque tu intuición, tu cuerpo y tus sentidos, ya se han despertado y recuperan la auténtica sensibilidad que tienes como mujer.

Ayer, pusimos el objetivo de tomar conciencia de lo que no me permite expandir el corazón.

Hoy, la pregunta en la que vamos a poner el foco es que acciones te sientes guiada a cometer.

Ante los descubrimientos de las partes que deseas liberar:

¿Cómo respondió realmente tu cuerpo?

¿Qué recibía, es flexible, te sentías con ilusión, se te hizo un nudo la garganta, te cayó un peso enorme?

A veces, este planeta es como si fuera un desafío diseñado

para que dejes de confiar en ti misma, en tu entorno y en los ciclos de la vida.

Cuando elegiste empezar a trabajar en ti misma, tomaste conciencia de lo cerrado que tenías el corazón. Ahora, ya has tomado conciencia de que los desafíos no son contra de ti, sino para profundizar en ti.

En el camino de la vida, lo importante es dar prioridad a tu bienestar, a tu cuerpo y a tu trabajo para la vida, porque todo ello nutre tu alma y esa sabiduría se suma en unidad al universo.

Si te agotas no puedes ayudar a nadie, los procesos sin energía te llevan a un estado de agobio y aturdimiento.

Todas hemos elegido salir, para poder florecer y poner límites claros.

Las preguntas de hoy son muy sencillas:

¿Cómo están tus cervicales?

¿O la energía de la nuca y el dolor de cabeza, especialmente los días que hay mucha energía en el planeta?

¿Cómo se llama lo que estás cargando, que ni siquiera te pertenece?

¿Cuánto hace que no estás atendiendo a tu cuerpo?

De nada sirve la conciencia sin el vehículo físico.

¿Por lo menos, le damos algo a diario, o semanalmente, para

que pueda estar sano, o simplemente lo cargamos de hormonas de estrés y responsabilidades adquiridas?

Transformar significa cambiar la forma, y la forma es la parte de nosotras mismas que nos da la madre Tierra. En muchas ocasiones olvidamos las leyes de la naturaleza y queremos parar el tiempo, o parar las emociones, o doblar el paso del tiempo, incluso acelerarlo para no sentir el sufrimiento. Y luego nos quejamos, cuando la vida se resiste a ello, siendo nosotras las tuercas que queremos doblarlo.

Hemos de volver al cuerpo físico y especialmente a la parte alta de la espalda, los hombros nunca mienten. Nuestra niña interior puede querer disimular las cosas, pero los hombros y las cervicales nos las recuerdan, para que podamos desbloquear la sabiduría olvidada, y los dones los tiempos anteriores.

Para ello la madre Tierra nos ofrece su ritmo, y su manifestación; esta se plasma en las fuentes de ingresos, y en la salud. Cuando estamos enojadas, a través de la niña interior, las dos empiezan a presentar dificultades.

Hay que volver al emocional, para recuperar la fuerza y el apoyo de la mujer ancestral que soy, deshaciendo todo el personaje que he creado, y del que, a veces, me he olvidado y sigue actuando por su cuenta.

La madre Tierra es el planeta de la manifestación, aquí venimos a crear, y lo que nosotras hagamos pasará a manos de las nuevas generaciones, aunque no sean nuestros hijos.

Las mujeres somos las manos creadoras de la madre Tierra, ya no es momento de pasar demasiado tiempo pensando, es tiempo de actuar,

y para actuar hay que tomar conciencia de cómo se encuentra tu físico, y de reunificarnos con la confianza de vivir la aventura y la incertidumbre.

Módulo 4. 4.16. - Décimo sexta reflexión

¿Cómo hacer un proceso armónico, dónde ya cada una identifique todas sus voces interiores?, es cierto que hay días más intensos, y días de alto voltaje, cuando la energía del Universo se une con la de la madre Tierra.

La frecuencia del corazón de una mujer, y de todos los seres vivos, es el receptor dónde se ancla el amor; a veces, nuestro cuerpo aún no está acostumbrado, y el trabajo de estos tiempos, es yendo hacia dentro para abrir espacio.

En los tiempos en los que forzamos el campo físico, el descanso lo dejamos aparte, para llegar a todas partes, y la integración no puede darse, se forma fricción, enojo o lágrimas; para ello, ahora que hemos identificado lo que vamos a soltar, que llevamos a la espalda, nuestro trabajo es mantenernos enfocadas en el cuerpo físico.

¿Hay una parte de ti que aún está hablando, tu cuerpo?

¿Hay alguna parte de ti que está sufriendo, y que se sigue esforzando para no bajar el ritmo?

Muchas veces buscamos bloqueos y grandes señales del universo. Sencilla y simplemente, ese pinchazo en el tobillo es la alineación con la madre Tierra, que se nutre del cuerpo físico, el chakra corazón y la memoria estelar.

Dentro del amor infinito que somos, que creemos, que estamos preparadas para dar, es importante ver si podemos sostener las memorias amorosas en nuestro interior. Cuando el cuerpo habla, es que aún quedan rincones para alinear.

Cuando una mujer aprende a ser humana, a abrirse al amor humano, y a recibir las experiencias físicas, es cuando todas las personalidades de nuestro interior se relacionan entre ellas. Cuando ello sucede, nuestro cuerpo está preparado, para recibir nuestra conciencia.

Sé que muchas de vosotras estáis más cómodas con los ángeles y con el Universo, que en el yo diario, pero el reto de la madre Tierra, es ser el puente entre el Universo y la Tierra, a través de nuestro cuerpo físico, para que podamos bajar la conciencia que nuestros hermanos humanos necesitan, y que nuestras familias pactaron que traeríamos antes de nacer.

La mujer despierta, siempre es capaz de ver a través de la gente, el único error que puede cometer es negar lo que ve, para pertenecer. Cuando esto sucede, el cuerpo se queja, así que hoy te invito a trabajar, incluso dormida, a que dialogues con tu cuerpo.

Así podrás expresar tu verdad, y honrar tu propia naturaleza.

De nuevo te pregunto, ¿hay alguna parte de tu cuerpo, que está llamando tu atención?

Módulo 4. 4.17. - Décimo séptima reflexión

En ocasiones las experiencias de las mujeres, calladas por la herida del secreto, o la de la vergüenza, abren tan profundo dolor, que se hace muy difícil que nuestro corazón esté abierto al amor, cuando la única fuerza de vida es realmente el amor.

Nuestro interior establece una batalla interminable, venimos a traer amor y a amar, pero a la vez queremos escapar de sentir y de volver amar.

Llevamos un tiempo trabajando juntas, para que reconozcamos nuestras emociones, los miedos, las situaciones y los conflictos, para que podamos volver al amor, dejando de separar nuestro corazón de la realidad exterior.

Al mismo tiempo, nuestra alma nos empuja a salir de esa zona dónde nos escondemos, para que volvamos a recibir la vida.

Hoy la pregunta que te haría y que además te voy haré, es más compleja de lo que parece.

Lleva tu mirada a tu adolescente interior, cuando buscabas en papá y mamá la forma de ser adulta, y es muy probable que no pudieras conectar con ellos.

Puede que no estuvieran físicamente a tu lado, no fueran adultos ellos, no se amaran, o les temieras, pero tu niña, que empezaba a ser adulta, no tenía referentes y se construyó defendiéndose, y sin comunicar su mundo, igual simplemente por su sensibilidad.

Quiero que llevemos la mirada ahí, a ese punto. Y tomemos conciencia de:

¿Cómo elegirnos escondernos del mundo?

Si, así de simple, que decidimos hacer, que nos juramos que

no haríamos, que nunca nadie nos haría, que no seríamos como..., que íbamos a conseguir más que....

Esos pactos grabados en tu ADN, que te prometiste a ti misma

¿Cómo se llaman todas las barreras que pusiste al amor y a la vida?

Y cuando identifiques las más profundas, realiza un dibujo o un collage, con una rosa de sanación, hermosa, y a su alrededor, en dorado, escribe las palabras sanadoras que cancelarían todas esas barreras, como tu sientas, poético, hermoso y brillante.

Por ejemplo:

Nadie va a saber jamás cuánto sufro (en boli dorado).

Me permito mostrar mis emociones, para recibir ayuda.

Me amo, confío en los procesos.

Como un mapa de la nueva vida, tu vida rompiendo esos muros internos, que tan bien construiste como artista del escondite, y que hoy sanaremos con el arte de tu decisión.

Módulo 4. 4.18.- Décimo octava reflexión

Hay días en los que, lo que una más necesita es el descanso, no canciones, la vida te lleva a encerrarte en ti misma, y el mayor esfuerzo es mantener el corazón abierto. Cuando en realidad deseas bajarte del mundo, todas sabemos cuánto duele un corazón abierto, y no solo en esta vida.

El dolor personal y el colectivo, por mucho que te cierres al mundo, queda dentro de ti.

La fuerza que te empuja a llevar tu corazón abierto surge de tu interior, es la que un día dice: no aguanto más lo que estoy viviendo.

Ahí nace el debate entre quedarte en un rincón, o abrir fuertemente la energía vital de tu auténtica naturaleza, y empezar los cambios.

¿Te das cuenta de que la vida te está invitando a ser la líder de tu propio camino?

Tú me responderás: ¿cómo voy a ser líder, si no sé por dónde empezar?

Estamos en un ciclo de destrucción, y de deshacer lo que se ha hecho durante miles de años. Decidimos nacer justo ahora, ya no vale esconderse en una cueva, en una cama, o en una tristeza.

Viniste a que tu corazón continúe abierto, a desempeñar tu papel de alquimista, y despejar el camino a las nuevas generaciones. Lo has hecho muchas vidas, y es cierto que, como mujer, te ha costado la vida; pero en este caso, estás en el compromiso de estar aquí físicamente, junto a muchas almas que, en todo el planeta, hemos venido a afrontar lo más oscuro, para poderlo sanar.

Ese es el gran desafío de ser una mujer humana, cruzar los momentos de angustia y sufrimiento, para recibir tu crecimiento, los dones, y estar abierta de nuevo al amor y a la alegría.

Si miras atrás, verás lo fuerte que te hiciste en los momentos más extremos de tu vida, aunque ahora te sientas agotada y devastada.

Lo más importante, es estar en la tierra consciente de ser mujer; ese es el mayor regalo que le podemos hacer a madre Gaia, nuestro compromiso. No podemos mirar al cielo pensando en el amor idílico, vinimos a estar con los pies en la tierra y traer ese amor aquí.

La pregunta de hoy es muy sencilla:

¿Has hecho las paces ya, con tu humanidad?

¿Eres capaz de ver las cosas que te ayudan a comprometerte a estar en el planeta Tierra, aquí y ahora?, ¿o sigues en la queja, poniendo la mirada nublada en lo que no deseas ver, y enfocando excusas para poder irte del planeta?

Las grandes tristezas, que a veces experimentan las mujeres, son frutos de no estar en presencia, en esos momentos, el vacío interior se hace más grande y se convierte en un gran conflicto, y el divino femenino necesita crear y expandir. La queja corta los caminos, la acción te corresponde a ti.

Módulo 4. 4.19. - Décimo novena reflexión

¿Sabrías diferenciar la voz de tu alma, de la de tu yo diario?

Es una pregunta importante a estas alturas, la voz diaria, a veces, habla desde algún miedo, aunque no lo tengamos identificado.

Todas tenemos, memorias muy profundas, que aún nos

limitan al expresarnos, incluso llevándonos a la angustia o tos, yo la primera, en según qué temas.

No se trata de quitar el miedo, sino de brillar cruzándolo, cogiéndolo como reto, para tener el valor de seguir haciendo todo lo que puedas.

No compitas contigo misma, tú eres las dos, la fuerza de luz y la niña interna.

Hoy puedes elegir no compararte con nadie, ni siquiera contigo misma.

Tienes algo que ofrecer y lo vas a seguir intentando, hasta que tu voz más interna salga al exterior.

La niña interior, tu crítica interna, y tu mujer actual, son un equipo; las voces, tus ideas, tus miedos, tus pensamientos, son parte de tu vida y están ahí para protegerte; dales su lugar y las gracias, no los niegues ni luches con ellos. Todos te aportan, hay días que sentimos más unos que las otras, y de todos ellos aprendemos.

Hubo vidas en las que no pudiste expresar tu voz, y ancestras que callaron, y días que no hay fuerza.

Al trabajar en unión con tu Yo Superior, puedes pedir que se despierte su voz dentro de ti, y que te guíe, para expresarte desde el equilibrio.

Hay un viejo decreto:

"Bendigo el bien en esta situación o conversación, y quiero verlo"

Al tomar conciencia de tu sabiduría interior, ese es el mayor poder de toda la tierra, reconciliación y reconectar con tu luz, y la clave para identificar el exterior, y actuar iluminando a otros.

No hay que tener valor para caminar, sino reconocer la fuerza que te hizo levantarte, el propósito por el cual iniciaste el camino de tu vida.

Haz una lista de cinco ocasiones en las que sepas que no pudiste decir lo que sentías, y al lado añade el motivo original por el que estabas ahí.

Mira con los ojos de la mujer de hoy, si ese propósito aún te interesa, si te nutre, o si ya no hace falta seguir caminando por ese aprendizaje.

Tómate tu tiempo y sé sincera contigo misma.

Es la clave para ir unificándote con tu propia voz, observa si estabas enojada, si defendías por orgullo, si realmente había dolor....siente, mira el aprendizaje, y elige de nuevo donde aplicar la fuerza de tu divino femenino, es decir tu luz y tu voz.

Módulo 4. 4.20. - Vigésima reflexión

¿Cuánto hace que no atiendo a mis llamadas de alma? Y si lo hago ¿las escucho hasta el final?

¿Estoy conectada con mi Ser de Luz, para recibir las herramientas necesarias de mi campo de ADN, como las del exterior? ¿me permito sentirlo?

¿Estamos dispuestas a enraizar las cosas materiales,

trabajamos lo suficiente para que lleguen a concretarse?

Meditando muy profundamente con la luz oro rubí, sintiendo como entra por mi cuerpo, se expande a todos los chakras, y me rodea, respirando varias veces le pregunto:

¿Cuál es mi regalo al planeta, el mayor don que tengo para transformarme, y en el que aún no confío?

Como mujer soy sagrada, porque creo vida en mi interior, todas las civilizaciones vienen de una mujer, es mi fuego creador el que abre mi ciclo de vida, y que da vida a otras generaciones.

Es mi fuego sagrado, el que me hace sanadora ante los demás, o la naturaleza:

¿Qué he aprendido a ser, que no soy realmente yo?

Puedes trasformar todo eso, mañana veremos cómo, ahora haz una lista profunda, que responda a estas preguntas, para construirme sobre mis supuestas debilidades.

Módulo 4. 4.21. - Vigésimo primera reflexión

Respetar la auténtica naturaleza, es darse espacio para conocerse, tanto la antigua tú, como la nueva tú.

Por más que queramos mantener el control, la vida sigue, y a más energía en la tierra, más aceleración, más cansancio e irritabilidad.

Ayer hicimos la lista de situaciones, y ahora vamos a mirar esas situaciones que sostuvimos:

¿Que está detrás de esa lucha?

¿Quieres ser buena, o ser reconocida, o ser el director de tu realidad?

Cuando todas las identidades viejas, que ya no están de acuerdo con lo que eres ahora, y con aquella en que te convertirás cuando el proyecto avance en tu vida, desde ser tú misma, a ser empresa, esposa, madre, artista, etc.

Todo lo que tiene que cambiar en tu vida, para que puedas ordenarte, y confiar en ti, dejando ir lo que antes te dañaba.

¿Desde dónde actuabas en aquel momento, y desde dónde vas a actuar ahora?

Cualquier cosa que iniciamos, en el proceso de llevarla a cabo, tiene una maduración, y por eso es normal hacer un balance a medio camino.

La meta eres tú, y en cada paso que avanzas, siempre aprendes, y coger una pausa para valorar desde donde te mueves, es expansión y crecimiento.

Somos la expresión de vida de la tierra, cada una de nosotras se entrega siempre, nos es más fácil entregarnos, que recibir, y eso debe cambiar. Date permiso para ver la naturaleza de lo que estás haciendo, si cumple con el motor primero del proyecto, y si ese motor era realmente desde el corazón, o desde tus personalidades.

Cuando alguien hace algo desde sus personalidades, desde querer ser visto, desde querer ser bueno, desde querer ser padre o madre Universal, se está descuidando así mismo, porque no está presente, está en la niña interior, jugando a ser lo que no es.

El mejor legado que le puedes dejar a la vida, a la tierra, a tus hijos, es disfrutar mientras construyes.

Ahí es donde se acaba el control, y tener que estar sosteniendo relaciones o situaciones, que ya no pertenecen a la tuya actual.

Madre tierra te está pidiendo que actúes en su nombre, para activar el grupo de humanos que están a tu alrededor, pero al mismo tiempo te pide que revises quién eres hoy, para que no arrastres lo que ya has dejado atrás.

Toma conciencia de ello y actúa con tu lista.

MÓDULO 5:
ESTAR EN PRESENCIA

La voz de la Madre, Ma. Magdalena.

(canalizado por Elsa Farrus)

La madre soy yo. la madre eres tú, la madre son todas y cada una de las hija de la luz divina,

que vive en común unión con La Madre.

Y también todos los seres de luz, que no alcanzan su llamado, a los que la madre al por igual y

espera con ilusión de su despertar.

El amor incluye, el amor es real, el amor construye y está ahora llamando al corazón de todos ustedes, en el interior del Ser.

Siente su ritmo, siente su amor, siente su vibración.

Amados hermanos en la luz, amada niña de luz, su corazón es el Temple Sagrado del amor

divino. La permanencia en él es su libre albedrío, es su libre elección, ahora ese Temple les llama a recordar y no hay mayor visión que la fuerza de su interior.

Yo María Magdalena, vine a mostrar mi confianza en el Ser Humano, mi confianza en su luz, amados hermanos en el amor. Son ustedes los vehículos divinos de la tierra, las voces de las magdalenas que abrazan a sus hermanos y ellas les bañan en luz y amor.

Cuantas pruebas se van a imponer en su camino, para recordar que no hay separación, que todo cuanto sucede incluso el sufrimiento. Les construye en un mayor compromiso en el amor, tras haber comprendido todo cuanto eligieron aprender.

La esencia del. Ser Humano es el amor, la alegría y la paz en el alma.

Somos todos uno, en cuanto un Ser se atreve a deshacer el laberinto de las emociones.

Amado ser de luz abre la puerta a la felicidad en el camino de conciencia, y mira con los ojos del amor, cierra reproche y aprende de él.

Recoge la llave de tu gratitud, que recoge todo lo vivido, como un gran aprendizaje y recibe el gozo en el interior de haber vivido.

Te amo amado ser de luz, a ti y a todos los humanos, por valentía de mirar el dolor y abrir el camino al caminar de nuevo en tus propios pasos. en otra visión, pues los círculos del Alma son conciencias y se abren en el más puro resonar del propio Ser.

Danza con la vida, llora con mi manto, recogeré en él y mira el camino de nuevo, cuando alcances la fuerza, para caminar.

Entre tanto aprende de las espumas, que se hallan en el interior de tu corazón, porque son el tallo que sostiene la rosa antes de florecer.

Ama, ámate y ámales, porque todos somos la MADRE y todos somos el Universo.

La vida es amor, la vida es el camino que se anda al amar, el dolor es el olvido de tu propia luz, por las creencias.

Ama, abraza cada uno de ella y ellos, pues todos somos la vida.

Se despide la amada Ma. Magdalena en nombre de la luz y del amor.

La mujer magnética

El magnetismo es una característica muy sutil energética, que se desarrolla dentro de ti y refleja tu manera de ser y actuar.

Todo el trabajo que hicimos en las rosas anteriores era para ver de limpiar lo que entorpecía esa energía interna tuya.

Se abren caminos cuando la persona, está en su magnetismo porque atrae más oportunidades a su vida.

El desarrollo del magnetismo es gradual tanto hombres, como mujeres es una característica del divino femenino.

La fuerza del magnetismo viene de la autenticidad, del carisma y depende de la suma de experiencias resueltas en todas nuestras vidas, no de la imagen que proyectamos.

Tenemos dos tipos de magnetismo el interior y el exterior.

Entendemos por magnetismo exterior, aquellas cosas que son más visuales o sensoriales, y que dejan una impresión en los demás.

Aunque no lo crean ejercemos el magnetismo por la voz y la

mirada, somos capaces de sostener ninguna de las dos, en tres segundos el receptor, ya siente si te da o no una oportunidad de que te acerques a ellos.

No se trata de estética, sí de armonía. No importa cómo nos gustamos, pero si somos capaces de poner atención a los detalles, es una armonía en nosotros quedará una imagen fuerte de nuestra forma de ser.

La manera de reflejar tu esencia por tu forma de vestir y presentarte a los demás, insisto no el tipo de ropa que llevas si no como cuidas lo que llevas, es una carta de presentación donde se ven: tus valores, tus creencias y el cierre de tus carencias.

Vuelvo a repetir no se trata de ir a la moda, se trata de cuidar contigo lo que quieres mostrar.

Con los años las formas de vestir cambian y nuestras personalidades con ellas, pero la personalidad en el vestir la mantendremos siempre, es una forma de mostrar que tú te

conoces a ti mismo o a ti misma.

Lo mismo ocurre con el cuidado y el aseo de tu físico, así seas punky o clásico. La primera impresión ha de ser de una persona con fuerza y convencida de quién es.

Y no en ocasiones especiales sino en cada día, confiando lo que muestra de sí mismo.

El magnetismo interior es más importante:

Es más importante porque es duradero y es el que vas a

desarrollar, el que evita que pierdas tu dignidad para comprar amor.

Encontrar esa fuerza de atracción que está en ti, es lo que te ayuda a desarrollar tus cualidades en lo diario.

Es lo que muchos buscan el propósito de vida, en realidad no es un propósito; es el entusiasmo y la pasión por lo que amas hacer y compartes por los demás, eso es el magnetismo interior.

Cada ser que llega a nuestra vida es una oportunidad, así sentamos establecer una relación o descartarlo, no hablo de parejas hablo de todas las actuaciones diarias, desde ir a buscar el pan, hasta presentar un proyecto para el mundo.

Lo que los antiguos llamaban sentido común, es el resultado de la confianza en tu autenticidad y tu carisma.

Y es innato en todos los seres vivos, fuerza desinteresada, generosa, divertida y que te hace ser magnético, porque siempre sorprendes a los demás.

Y la vida te sorprende a ti mismo con lo que llamamos sincronías.

El mayor reto es ser coherente con nuestros valores vitales, estos meses los hemosestado trabajando, esta rosa vamos a abrir esa vibración para atraer quien sea fin con nosotros.

Cuando uno está en unión con su corazón, hace que nos podamos reír de todo aquello que nos sucede y tengamos ganas de crear cosas nuevas cuando las cosas se caen.

La energía del gozo, lo que llamamos carisma es en realidad tu madurez emocional, osea tu personalidad que se refleja en todo.

Porque tu personalidad está en unión con tu corazón ya no hay pelea interna en tu interior.

El reto es desarrollar el magnetismo interior, y cuidar el exterior, de cuidar el exterior es cuidarte a ti, darte tiempo para ti.

Cuando llegamos a un hogar donde hay espacios ordenados sentimos bienestar emocional y paz, cuando llegamos a nuestro corazón: si tenemos bien organizadas todas nuestras tareas de vida, y lo que vivimos en el pasado, también nos da claridad mental y bienestar emocional.

Las rosas anteriores estuvimos enfocados: en de donde procedemos y como nos movíamos, en nuestra familia y en nuestras creencias.

En esta rosa, vamos a trabajar el campo mental y la proyección magnética externa.

Todas esas capacidades son innatas en nosotros, y una mentalidad magnética: nos ayuda a confiar en los procesos de cambio, y en tener la certeza que hay una razón y un

objetivo, que se plasmará cuando termine la acción, aunque ahora no sepa por dónde va a venir.

Es tener todas las herramientas a mano, porque va a surgir una ocasión, adecuada en que esa energía de ilusión tome forma.

El reto de la multidimension es la mentalidad magnética, es tener la seguridad de lo que enfocas llega, tarde o temprano.

La actitud que tengamos antes de hacer algo, es lo que va a determinar el resultado.

Muchas veces las contradicciones internas son lo que frenan el resultado, caemos culpables fuera y en el transgeneracional, pero es la voz interior, la que puede elevarnos o anularnos.

Capacidad de recibir

Cuando uno eligió avanzar en su vida le llegan dos maravillosas amigas: la culpa y el miedo a ser feliz.... Y bien encargadas de otros miedos y muchos juicios que alimentan esa culpa, juicios internos de ese crítico interior que ya hemos aprendido a reconocer.

Culturalmente cuando dejamos atrás nuestras creencias limitantes, tiembla toda nuestra estructura y hay una resistencia a dejar atrás lo que ya conocemos, como si traicionáramos a los demás.

En vez de aprender a caminar para cuando ellos vengan, que hay un punto en el espacio tiempo en que volveremos a estar todos en armonía.

Las cosas que nos brindan la vida, son oportunidades que nos hemos trabajado en otros tiempos en otros lugares, incluso antes de nacer las hemos preparado en nuestro contrato de vida, pero el bagaje de donde hemos nacido y la renuncias, no nos enseñan a aceptar con gratitud, todo lo contrario, nos da vergüenza a recibir.

Somos tan fuertes que no podemos sostener: que alguien nos invite a cenar o nos coja una bolsa de la compra.

La naturaleza general de la mujer es dar, nutrir y darse a los demás.

La naturaleza de un masculino bien integrado también contiene las mismas capacidades.

Pero cuando dificulta que nos llegue la realidad, es porque no aprendimos a recibir.

Por ello la clave de la manifestación es una mente magnética que atrae, más un corazón y un guerrero espiritual, dispuesto a recibir sin culparse.

Vamos a trabajar en primer lugar con el rayo Rubí la capacidad de recibir sin sentirnos menos, vamos a ver si nos merecemos eso, vamos a hacer con una meditación que va a trabajar nuestros cuatro puntos cardinales, en todos los chakras.

Meditación de recepción de realidades....

Un rayo de luz blanca que desciende desde el universo, que esa energía desciende hacia nosotros y se bañe, como una cascada de luz que va iluminando todos y cada uno de nuestros chakras, y al mismo tiempo cae a través de nuestro cuerpo como una ducha de energía, que nos va permitiendo sentir el flujo de la energía natural para ser nosotros mismos.

Integramos toda esa luz blanca que va descendiendo hacia nosotros, vamos a sentir como esa energía, baña nuestro chakra corona, nuestro sexto, chakra la garganta, el corazón y se detiene en nuestro plexo solar, y al mismo tiempo respiramos muy suavemente, pidiendo a madre Gaia un rayo de luz oro rubí, rojo tornasolado que es la fuente de luz en el núcleo de la madre Tierra.

Piramos y de todas las vibraciones de Gaia, nos fijamos en este rayo oro rubí.

Le pedimos como si empezara una cadena de infinitos como si fuera una cremallera,

que vaya subiendo en vertical hacia nosotros, que entre en nuestro prana a través de la corteza terrestre.

Que vaya iluminando nuestro chakra estrella de Gaia, nuestro chakra va a ser nuestro segundo chakra y se amplía en nuestro plexo solar.

Respiramos muy dulcemente, sentimos como la luz blanca y la luz oro rubí, van girando sobre sí mismas, formando una esfera de luz que gira en horizontal dentro de nuestro plexo, que gira en torno a las agujas del reloj, y va siendo cada vez más intensa esa energía.

Sentimos como de ese baile de esa danza nace una rosa blanca que se va abriendo, y que en sus pétalos va dibujando ese oro rojizo como si fuera una rosa pintada a mano, vamos respirando se va abriendo, y va compartiendo toda su energía en nuestro tercer chakra.

Respiramos muy profundamente, pedimos a esta rosa de la claridad, que, como una expresión de vibración, nos muestra nuestra capacidad para recibir, nos muestran si con ella se expande, cuando yo me atrevo a recibir se apaga y se contrae.

Simplemente mi capacidad para recibir lo bueno, que me pertenece por frecuencia, todo aquello que trabajé en mí mismo en mí misma en esta y otras vidas y que ahora debo recoger como herramientas.

Vamos impregnándonos y vemos que sucede con ella.

Si sentimos que la rosa se apaga o que se endurece, que la luz blanca se va haciendo pequeña y que sus pétalos son más oscuros.

Nos quedamos con esa impresión.

Y vamos a llamar a la amada María Magdalena, para que nos muestre donde se produjo el corte del merecimiento.

Y llamamos el nombre de yo soy en mí, invoco a la Amada María Magdalena tres veces.

Vamos profundamente y pedimos:

Eres María Magdalena en nombre de la luz y del amor....

Si nos dice que sí: le pedimos que ponga las manos a la altura de nuestro chakra corazón, para regular la frecuencia entre ambas.

Nos damos unos minutos para respirar....

Y le pedimos amada María Magdalena

¿Cómo se llama aquellas cualidades que creo que debo tener y apagan mi esencia?

¿Como puede identificar, mi creencia sobre mi propio

magnetismo?

¿A qué o a quién le estoy entregando mi energía?

¿Para qué huyo de mi fuerza personal? ¿A qué le temo realmente?.

Una vez identificadas mis fugas de energía en general, le pregunto a ella:

¿Cómo se llaman los talentos, que se me da hacer bien y que atrae a los demás?

¿Cuál es mi cualidad como mujer o hombre que me hace diferente? Y con la que he luchado siempre para que no se notara y no me causará dolor....

¿Cómo puedo aprovechar la mejor?

¿Realmente me permito ser auténtica?, O temo mi propia sensualidad, forma de ser expresión de mi palabra....

Respiramos muy dulcemente, le pedimos si ¿hay algo que no haya preguntado y lleva reconocer sobre mí misma o yo mismo?

Y como me puede ayudar a relacionarme con el exterior......

Muy suavemente, ¿Por último le preguntamos si hay algo que no haya preguntado y de saber?

Integramos toda esa fuerza, y abrimos esa energía. Bañándonos y pidiéndole que nos irradia la luz o la energía, necesaria el corazón para consolidarnos.

247

Respiramos y dejamos ahí unos minutos recibiendo esa energía, mientras le damos las gracias por ayudarnos a anclar el corazón, en el plano físico a través del plexo solar.

Respiramos dulcemente, por las gracias la dejamos marchar, llevamos iniciando los movimientos de vuelta al físico, gradualmente.

Usos del ejercicio

El ejercicio sirve, para ver si me permito la transformación en una sanación o terapia.

Edificios sirve,, para ver si está alineado o no con mi vida, un paso que vaya a dar desde empezar una relación de pareja hasta apuntarme en un curso...

Ejercicio también nos puede mostrar dónde está la incapacidad de manifestar algo, la apertura o el cierre de la Rosa, me va a mostrar si aún hay resistencia son miedos ante e ir a un lugar.

No hablo de bien o mal de acuerdo o de si es bueno o malo para mí, hablo de que no estoy lo bastante ordenado como para recibirlo.

Y el último uso: es cuando yo quiero generar un proyecto desde abrir una tienda, hasta tener un hijo o cambio una mudanza, una casa puedo visualizarme en ese lugar a pedir la Rosa y ver si se abre mi plexo; y se crece es que eso está en sincronía con mi contrato de vida, si se cierra o se apaga, (resuelvo lo que haya: miedos, programaciones, lo que haya), vuelvo a comprobar si se expande o se cierra; y si se vuelve a cerrar, es que ese no es el tiempo, el momento o el lugar.

No decidimos a la bruto, lo definimos después de ir quitando miedos, de acuerdo que las niñas anteriores son estupendas chantajeando o sea comprobamos dos o tres, veces si esa rosa es o no llamamos a María Magdalena y lo ordenamos.

Meditación de la Rosa de María Magdalena

El trabajo con la rosa de Magdalena es un trabajo de depuración de las memorias de enraizamiento al planeta Tierra.

Nos ayuda a ir reconectando, todos los canales de manifestación, en el chakra base, y el plexo solar, teniendo como núcleo principal del segundo chakra, el portal de manifestación en la tierra.

Su mensaje se basará siempre en el color, sonido, geometría, puede que se transforme cada día en una estructura diferente, según necesitemos esa fuerza, en ese día para poder enraizarnos,

Su frecuencia es conciencia diamante, es decir está conectado con la esencia y pureza del corazón.

Cuando hablamos de conexión con la pureza no nos referimos a conciencia elevada, sino a coherencia interna este es lo que vivo, siento y hago.

El propósito es aumentar la frecuencia en ustedes, restaura el magnetismo interior, para que se consoliden y reconozcan: aquello que desean manifestar o recibir.

Meditación, con la rosa de María Magdalena Y respiramos muy dulcemente, integrando toda la respiración en nuestro chakra corazón.

Respiramos profundamente, para abrir la conexión con el templo de nuestro propio corazón.

Permitimos ir cerrando la energía exterior a todo lo que no sea el amor divino, y no sabemos a que la energía de nuestro corazón crea un espacio de luz al exterior.

Respiramos muy suavemente.

Y ahora ponemos el foco en la atención en madre Gaia, abrimos la unión con madre Gaia.

Y restauramos toda esa energía, al encuentro con el núcleo cristalino de Gaia, y le pedimos por favor un rayo de luz oro rubí, la unión entre el rojo del chakra base y la luz solar de nuestro yo superior en forma de luz dorada, integramos nuestra sabiduría divina en la madre Tierra.

Vamos respirando y recibimos esa energía en vertical hacia arriba, capa por capa de la tierra al encuentro de nuestros chakras.

Seguimos integrando el restaurando la luz, abriendo la presencia de nuestro ser conectándola con la tierra, a través: de nuestro chakra base, segundo chakra, plexo solar, corazón, garganta, sexto chakra y chakra corona.

Y sentimos como la energía abre nuestro octavo chacra ese punto flotante en el interior del chakra corona, y se distribuye por todo nuestro cuerpo.

Así como a su vez, se abren como una unión, a todo nuestro

alrededor.

Respiramos muy dulcemente.

Vemos como la energía circula alrededor nuestro y a través de los canales sutiles de los Navys y del cuerpo, por el octavo chakra.

En este espacio de creación en este espacio de lanzamiento vamos a pedir, a nuestro yo superior cual consejo solar de acción, un rayo de luz naranja tornasolado, es decir como una luz dorada clara que brilla mucho, y que desciende, para pararse en el octavo chakra ese punto de luz que flota en el interior de mi chacra corona.

Respiramos muy dulcemente, y sentimos como desde ahí nacen dos rayos uno por el lado izquierdo y otro por el derecho, que se dirigen hacia el núcleo o la palma de nuestras manos, dándonos en el interior de un cono, respiramos muy profundamente y sentimos como la energía desde la palma de nuestras manos, se dirige hacia los chakras de los tobillos, en el interior de nuestro tobillo, el de la mano izquierda hacia el tobillo derecho, el de la mano derecha hacia el tobillo izquierdo.

Respiramos muy dulcemente, integrando toda esa energía en nuestro interior.

Quedando dentro de un rombo de luz amarillo dorado naranja muy brillante.

A medida que respiramos sentimos como del interior de nuestras manos, la energía se dirige a nuestro plexo solar, generando una línea horizontal a la altura de nuestro plexo solar.

Y vamos respirando, viendo como esa energía se abre formando un rombo horizontal en el interior de nuestro plexo.

Respiramos muy dulcemente, y permitimos que toda esa energía de nuestras manos vaya fortaleciendo ese punto de luz, lleváis desde nuestro plexo al segundo chakra.

Respiramos y sentimos que se forma una gran esfera de luz en el interior de nuestro segundo chakra.

Y ahora el respirar le pedimos a madre Gaia, que de todas sus frecuencias traiga hacia nosotros, la vibración o color que necesitemos en esta pantalla que hemos creado en el segundo chakra, no sentir como la energía sube a encontrarse con el rayo naranja y lo despierta esa bola de luz, convirtiéndola en una gran rosa que unifica el plexo solar y mi chacra, abriendo mi canal de materialización en tiempo real.

Respiramos muy suavemente, y abrimos esa energía, en unión a toda la fuerza personal.

Respiramos y le pedimos a madre Gaia, si nos puede mostrar qué geometría, sonido código de luz.... Nos puede ayudar a anclar nuestra presencia hoy.

Puede que sintamos: una música, un aroma, un mantra, un color....

Nos permitimos ajustar lo que pueda integrar hoy, la frecuencia que me ancla en la realidad presente y me abre al exterior, de forma armónica y gradual.

Vamos desplegando esta rosa de manifestación de nosotros mismos.

Nos regalamos unos instantes el que la energía de la luz de nuestro diamante va integrando la información universal y la trae al plexo, recordando su fuerza y su amor original.

Y la energía que sube desde madre Tierra, nos va a unificando con la realidad presente.

Todo aquello que necesito para hacer yo hoy.

Respiramos muy suavemente. Y vamos unificando la energía a través de nuestra fuerza personal.

Le damos permiso a la rosa para expandir sus pétalos por todo el cuerpo, en forma de miles de puntos de luz que nos nutren.

Y la dejamos marchar.

Y le damos gracias a nuestro ser de Luz o yo superior, sostenernos con nuestra propia conciencia.

Y a madre Gaia o madre tierra, por nutrirnos con su fuerza y energía original.

Miramos suavemente dos o tres veces y vamos recogiendo a Laura al tamaño normal para ser nosotros mismos.

Sin prisa vamos recuperando el físico nos vamos a dar mucho tiempo: para ir acariciando las piernas, los brazos, el rostro.

Hay muchas semillas en tu interior de antes de nacer, incluso estar en Presencia estarles fuerza para que puedan salir al exterior.

La creatividad es parte de esa red que llamamos vida, pero no puede salir si tu intuición no está junto a tu creatividad, porque las dos vienen de lo más sagrado en tu interior, es decir, la conexión contigo misma y con el planeta.

El ser humano tiene la fuerza de la libertad para crearlo todo, solo que hace miles de años que creamos desde el miedo y la defensa. Y no somos conscientes de lo que llegamos a hacer.

El tiempo, ahora de cuidar tus creaciones y hacerlo desde la acción de amarte a ti misma.

PRÁCTICAS MÓDULO 5

Módulo 5.5 .1

La frecuencia de plenitud es sentirse plenamente satisfecho con una misma en todos los ámbitos de tu vida.

Económico, amoroso, familiar, espiritual, salud.

Hay que hacer pequeños pasos para reconocer donde me siento realizado, se echó todo el trabajo emocional, ya nos vamos reconociendo como individuo, sacarle vida a esa individualidad....

Por ello hoy te invito a reconciliarte con tus circunstancias....

No hay transformación sin aceptación de lo que estoy viviendo.

Respiramos muy profundamente, y contestamos a estas preguntas...

¿Acepto mi pasado?

Realmente lo miro sin que aún me arrastre.

¿Acepto todas y cada una, de las decisiones que he sido y he tomado?

Repasa bien las diferentes épocas, y sobre todo busca si en alguna decisión, te sentías culpable por haber tomado una decisión....

Esa culpabilidad que puede ser a veces muy sutil es la que te dice: si no hubiera hecho tal acción mi vida sería......

Pero en realidad si te das cuenta de ello es porque tomaste esa acción, todas sus consecuencias.

Así que por ello la aceptación, es la que me define en el presente, que vivo ahora.

Abraza tu realidad porque con la información del pasado, solo podías tomar las decisiones que tomaste....

¿Para qué me tuvo que pasar todos estos hechos a mí?

Es la pregunta que te invito a hacer ahora desde el presente, responder con la sabiduría del presente.

Si miras con los ojos del amor verás la importancia que tuvieron ciertos aspectos de tu vida.

Estas dos primeras reflexiones para trabajar en esta energía de la rosa de ser visibles, las que te dejo hoy.

Había voy a enviar una rosa como al principio dejando el domingo de descanso.

Que dentro de mí sentí que era más pobre el trabajo.

Si no pueden seguir el ritmo tendrán todo el verano para hacerlo, ellos vayan haciendo poquito a poco al ritmo natural, muchas gracias

Módulo 5.5 .2

La aceptación de nuestros familiares ha sido el pilar más duro en todos nosotros....

Nos enamora el concepto de la multidimensión, pero nos destruye aplicarlo a lo que nos rodea..

Aceptar que no es nuestra responsabilidad cambiar, a quien nos rodea sea familia o no, es la lucha más profunda de todo ser humano.

Y aceptar no significa aceptar lo que sucede con ellos, se he de irme me, tendré que ir. Para no sufrir más daño.

Pero para tomar esta decisión, justo tengo que estar muy en presente.

Tengo que dejar atrás la víctima, no puedo estar anclada en lo mal que me han tratado.... Y todos sabemos lo difícil que es salir de ese lugar.

Pero se puede lograr, solo te necesitas a ti para seguir adelante.

Cuando nos dicen empodérate, no significa que tengas más fuerza o capacidad que otros, significa que creas en ti y camines.

Y para que ello suceda, el mayor Pilar, es tener un propósito que le dé sentido al levantarte y caminar.

Después del trabajo de estos meses, vamos a darle forma a ese propósito.

Ha de ser algo retador, que te haga buscar partes de ti que aún no has experimentado,

Algo que te permita cambiar el dolor del pasado a la fuerza

del presente.

Dónde te imaginas dentro de unos meses, no me refiero a cambio de domicilio, pareja trabajo, no...

Sino en qué área de tu vida crees que si puedes consolidar la paz.

Escribe una carta a tu corazón, expresando como vas a alcanzar la paz en la primera área de tu vida, qué herramientas vas a necesitar, con qué procesos cuentas, y cuáles vas a tener que encontrar, para sentirte llena en la primera parte de tu vida.

Ponte en manos a la obra porque conseguir la tranquilidad no es un tema económico, es un tema de tener un inventario: de lo que te gusta, lo que amas y lo que te hace feliz.

Y potenciarlo para amasar en tus metas.

Esta es la primera propuesta de avance, luego la llevas a las demás áreas de tu vida, una por vez.

Módulo 5.5 .3

El tercer reto es el campo del amor, lograr la plenitud en el campo del amor, es el reto mayor de todo ser humano, sobre todo si es sensible.

¿Eres capaz de amarte plenamente a ti misma?

Sé que me vas a contestar que sí, que ahora, así que todo si...

Pero no me voy a creer nada, haz una lista de aquellas

acciones en el día de hoy donde te has postergado, donde te has llevado al extremo del cuerpo físico, donde has hablado con quien no querías hablar o quizá estar donde no tenías tiempo de estar

No se trata de vibraciones, no no no no no no no.

Se trata de cuidar el físico y el emocional, para tener la paz y la tranquilidad frente a todos los demás.

Hay días en que hay que correr y solucionar cosas, pero no podemos pasarnos la vida, en contra del ritmo natural de nuestro cuerpo, nuestro corazón y nuestras emociones.

Así que vuelve a la pregunta primera y ya ahora contesta desde la verdad.

Es cierto que puede haber responsabilidades como madre, padre, como pareja como jefe....

Para alcanzar la plenitud del amor exterior, primero hacer alcanzar la plenitud en tu salud.....

Y eso implica la alimentación, el movimiento, el descanso.

Y como nos relacionamos con todo ello, según nuestro ritmo de vida.

Y después ¿cuánto amor te estás ofreciendo a ti misma, estás compartiendo por igual o estás sosteniendo a los demás?

Para sentirnos plenos en el ámbito espiritual, hay que reconectar con nosotros mismos y con la vida.

Dejar atrás los caprichos o pataletas de la niña interior.

Y responder a una pregunta:

¿Cómo se comportaría la mujer del futuro que hay en ti? ¿Qué hace? ¿Que tendrá a su alrededor?

¿Habrá sido capaz de certificar su vida? ¿Debe cambiar la mujer de la hora para simplificar esa vida?

Módulo 5.5 .4

¿Para qué me lamento?

Es la pregunta que os invito hoy a responder, hay una sola cosa en la vida que anula lamentos o dolor.

SOLTAR

Es fácil es aceptar que algo, alguien, un hecho, o toda una vida de dolor, ya fue...

Es normal un tiempo de duelo, y otro de reivindicación. Pero contesta sinceramente, ¿Qué puedo hacer, para soltar una situación?

No es fácil, cuando estamos ahí, pero si podemos elegir si queremos una vida de lamento, o un camino más llevadero, son tanto conflicto...

Es una sola decisión:

¿Yo o los otros?, Si me elijo a mí, elige soltar y vivir, si elijo la mirada al pasado, estoy eligiendo a los otros....

Si esto es así, pregunta a tu corazón, ¿cómo se llama la idea, escusa, miedo lo que no me permite soltar?....

Busca una situación que quieras soltar

Y escribe una lista de lo que puedes hacer para ello, no lo que deberías hacer si lo que te ves capaz.....

El amor a uno mismo es el camino de vuelta a casa, tu corazón.

Módulo 5.5 .5

La abuela, y la relación con nuestra abuela paterna, es la que nos va a dar la lentitud o la fuerza para afrontar los cambios.

Si pudieras hablar con ella a día de hoy, si estuviera en vida. Quizás se comporte de una forma más amable. Respondiera a esta pregunta:

¿Abuela, cómo lo hago para afrontar el dolor?

Y tú abuela estuviera en vida, ¿Qué crees que te respondería? No el personaje que estuvo contigo sino la mujer que cruzó más de un dolor en su vida, que quizás no pudo hablar jamás de ello.

El dolor no pasa, flor de lo que sentimos solo podemos transformarlo, sabiduría profunda, para que el alma le dé un sentido.

Escribe primero la respuesta que te daría a tu abuela, y después pregúntale que le explicarías el día de mañana a dos generaciones en adelante, de cómo pudiste ordenar tu dolor.

Porque la vida es un viaje en el tiempo y nosotros somos nuestros ancestros el día de mañana.

Módulo 5.5 .7

Deja de compararte y de mirar, las personas que confiaron en sus proyectos acabaron triunfando.

Desde madame Curie, hasta la autora de Harry Potter.

Todas ellas tienen infancias complicadas, vidas marcadas por la pobreza y abusos sexuales.

Según sus jefes no reunían las condiciones para hacerlo clásico.... Y así una serie de monotemas.

Pero no vinimos a hacerlo clásico vinimos a traer la voz interior, esa que hemos ocultado tanto tiempo, y que hemos trabajado tantos años para sacarla con paz y calma.

Y cuando lo conseguimos realmente entramos en un camino de voluntad de vida, donde todo se va haciendo muy ligero y más amplio.

Todo lo que llega a nuestra vida es para mejorarlo y evolucionar, no es para llevar un peso que me esconda, es para dársela a nuestro yo superior y ver el nuevo paso a dar.

Por ello esta mujer osada, debería tomar en cuenta algo cuando empieza su proyecto:

¿Vas a dudar de ti todo el rato buscando soluciones alternativas? O ¿Vas a convencerte que si hay camino porque lo creas tú?

Te invita a responder más largo y con una bonita descripción esta reflexión:

¿Dentro de ti como se llama la fuerza o el motor, que te empuja a creer en tu decisión?

Lee las dos o tres veces y ser muy sincero/a, porque al igual todavía no has encontrado ese motor...

No las he encontrado si aún te ocultas ante tus hermanos o tus padres, no lo has encontrado si crees que es malgastar dinero tener una pasión, leer, viajar, aprender son importar la edad.

No lo has encontrado si aún te sientes culpable por pedir un rato para ti o alejarte de ciertas personas.

Mira bien profundamente en el fondo de tu corazón, a ver cuál es el motor para creer en ti misma...

Y si aún no puedes ves desgranando aquellos factores que aún te lo impiden y date un poco de amor en cada escalón de lo que va saliendo.

Módulo 5.5 .8

Al caer la tarde, las flores se recogen sobre sí mismas, y afrontan las horas sin sol en su recogimiento, hoy especialmente la energía es muy intensa, la resonancia Schumann subió al máximo.

Y el alma se siente inquieta o cuestionada, en un renacer o partir de donde creías que era tu realidad.

La vida y el camino actual nos invita a avanzar, y no podemos avanzar sin la paz interna

Por eso hoy en este, es un buen momento para hacer inventario......

Si partirás hoy de tu vida, para renacer, ¿tendrías la paz de aceptar todo cuento viviste sin juzgarte?

¿Que no te permite, dejar de culparte, y simplemente ver las cosas como un aprendizaje?

Date permiso para hacer una lista de las cosas que fueron un mundo en tu vida, y ahora te reirías de todo cuanto llegaste a sufrir, busca 5 mínimo.

Anota también 5 cosas que te perdonas a ti mismo/a, ahora que tienes otra conciencia

Y 5 cosas que agradecer haber aprendido en ti vida y que te valió la pena cruzar ese pasillo

La vida es un tránsito y la paz en ella no tiene precio, tú paz nace de reconocerte con amor...hoy en un buen día para ello.

Módulo 5.5 .9

¿Preparadas para avanzar? Antes del solicito hicimos balance de nuestra paz, para partir....

Partir de mi antiguo yo, hoy me venía una frase que leí hace tiempo:

No pierdas tiempo indagando en el porqué, piensa en el

cómo..... Michael Gazzaniga

Cuando la leí hace años me dije, ohhh soy normal.

Nuestros pensamientos son para analizar el cómo trascender algo, no para victimizarse en por qué o impactar negativamente en el progreso personal.

Nuestra Rosa nos invita a aparecer a ser vistos....¿Te imaginas impulsando capacidades de auto liderazgo? Contesta con el corazón...y si es tu sueño, pero no crees que puedas escríbelo también

El autoliderarse implica descubrir quiénes somos, y lo hemos hecho durante estos meses.

Para poder autoliderar nuestra vida, ¡¡hay algo clave que debemos cumplir, se llama Inclusión!!

Es decir, pararnos sin salvar a nadie o sin excluir a nadie, aunque no cumpla nuestro valor o sentido de la realidad y la ética.

Y para ello hay que definirse ante unos conceptos a los que me gustaría que te describieras como si hablaras de alguien, cuando tiene que afrontar estas decisiones.

¿Ser volátil que es para ti? ¿Eres capaz de ser volátil de poder seguir la velocidad de los cambios y genera acciones a varios niveles en un tiempo récord...?. O esperas que las cosas no cambien, etc.

¿Cómo afrontas la complejidad? Te asustan las montañas altas o te encanta trazar planes para conseguir llegar a ellas en algún momento... La vida es compleja y muchos factores intervienen en ella, de hecho, nosotros somos casi el último.

¿Te desconcierta en la ambigüedad? Hay tantas preguntas en la vida que no podemos responder, tantas cosas que no sucede que no tienen posible cambio, ante ello que haces...

¿Estás dispuesta a aceptar la incertidumbre? Hay factores que no puedes permitir no porque seas vulnerable o floja, sino porque la vida ha surgido y nos trae sucesos inesperados.....

Estas preguntas son las que nos van a ayudar a potenciar esa creatividad y fuerza interior, las grandes transformaciones sociales vienen de situaciones inesperadas importantes y profundas...

Ahora te toca a ti ser realmente esa solidez interior que se levanta para liberar su vida.

Módulo 5.5 .10

Imagina que hoy que es el día de María Magdalena el día del apóstol de la misericordia, aunque mundialmente de Santa María Magdalena a nivel de Italia y España porque todavía no aceptaron las órdenes del Papa desde 2016, ella es un ejemplo vivo de liderazgo y creatividad....

En Francia le llaman la bien amada porque tras todo el dolor del mundo, se levantó el siguió amando.

Ninguna mujer puede ser dañada, por pensar diferente a la cultura en la que se desarrolla, la herida te la haces tú y la abres y una y otra vez, cuando intentas ser aceptada en esa cultura que no es la tuya.

Y no hablo de países sino de cultura, de familias de clanes.

Maria Magdalena fundó el cristianismo y el mensaje del amor, donde pudo no donde pertenecía.

Por eso hoy te invito a una sola pregunta:

¿Qué quiero y que acepto ser?

No importa donde esté cada una, ni el ruido que le rodee, la fuerza está en nuestro interior para no negar nuestros principios internos, para que no nos arranquen a la tristeza o a la ira por doblar nuestras creencias, y si te mantienes en tu lugar otros despertarán a tu lado.

Es hora de empezar una agenda de auto liderazgo contestando la pregunta que hemos dejado antes, tú eres tu propia vida y tu propia empresa, su capital humano y sus recursos internos....

Contesta la pregunta y quizás sepas cómo presentarte.

Módulo 5.5 .11

Para poder ser visible que es lo que trabajamos en esta rosa, hay que vencer los estereotipos y la autocrítica.

En días anteriores: descubrimos a nuestro código de crítica y creencias.

Ahora vamos a aprender a levantarnos de los intentos que no salen bien.

¿Cómo vas a creer en física es una y otra vez?

Muy sencillo de cada vez que creemos que hemos, caído en un error aprendemos.

Y por ello te vas a dar cuenta de que hay muchas oportunidades, que han surgido después de que todo fuera mal.

Hoy te invito a pensar en un error, el más gordo que crees que has cometido en tu vida.!!!!!

Y te invito a que me expliques años después si fue importante error, para que tú tomarás decisiones.

Míralo con los ojos del amor, como es error, sea un trabajo, una pareja, una maternidad, lo que fuera fue un camino de la libertad....

Contesta sinceramente a esta pregunta:

¿Cómo valoras tu libertad, a qué llamas tu libertad? Y lo más importante ¿Cómo te diste cuenta que necesitaba ser libre de algo?

Siempre hay una situación o un momento crítico, en el que nos ahogamos y decidimos que no queremos seguir así. Eso es tu punto de inflexión para hacer un buen líder natural...

Así que búscalo y sé sincera: ¿cómo le explicaría esto a otra generación, para que aproveche tu aprendizaje sin tener que pasar por él.?

Te invito a escribir las líneas sobre cada reflexión, para poder empoderarte y ver de lo que fuiste capaz de transformar, de una caída a una puerta de cambio.

Módulo 5.5 .12

La rosa se eleva por encima de un tallo lleno de espinas, es una metáfora del sentido de cada obstáculo que nos ayuda a crecer.

Ayer en la reunión vimos, que había algunas veces que aún no ponemos el foco en nosotras mismas, yo de primera.....

Por ello es muy importante tomar perspectiva para dar un sentido, a esos obstáculos que hemos ido encontrando a lo largo de nuestra vida.

Y que están más intensos y más pesados que nunca...

¿En tu agenda está realmente alguna cita de responsabilidad contigo misma?

Hace muchos años que elegimos cuidar de todos y nos alejamos de lo primordial, cuidar al cuidador.

Por ello te invito a contestar dos preguntas clave, pero muy profundas.

¿Dónde estoy en este momento de mi vida? ¿Por qué hago lo que hago, porque actuó como actuó?

Son muy cortas, pero realmente deberíamos dedicarle el tiempo más profundo, la energía entrante de los próximos días es intensa, es de gozo, de alegría de liberación y nos va a enseñar justo donde no estamos liberados.

¿Lo que estoy haciendo diariamente, está realmente en común con mi ilusión de vivir?

Esa respuesta tiene que nacer del adulto claro que a nadie nos gusta ir a trabajar y nos gustaría dormir todo el día, leer y pintar ......pero el adulto sabe que tiene que afrontar sus responsabilidades, pero aun así ¿cuánta coherencia tienen, con lo que no me atrevo a expresar? esa es la clave de hoy.

Módulo 5.5 .13

Madre María me impuso un reto un reto impresionante, tras tomar conciencia de algunos abusos, y hoy os lo traslado a todos vosotros.

Una semana entera en, que tu voluntad decididamente no va a juzgar a esa persona que parece que es la llave que rompe su autocontrol...

Es decir, una semana entera sin juzgar ni siquiera mentalmente a tu compañero de trabajo desde machaca, a tu expareja o pareja actual, padre y madre si son la base del conflicto.

Uno de los seres que están en tu vida sobre los cuales tu pensamiento constantemente está en pelea juicio y lucha, pues que después se manifiesta en hostigación hacia ti

Este este ejercicio te va a enseñar a cuan responsable eres de la libertad de crearte a ti misma y desear como quieres vivir tus circunstancias, sin que la energía del otro esté presente ni siquiera en tu pensamiento.

Intentémoslo todos y habrá errores volvemos a empezar la semana, no pasa nada porque hay que sacar el hábito de poner el foco en el exterior, será un cambio único.

Si dejamos de ver lo que hizo y vemos el dolor que le lleva a hacer lo que hizo....será fácil.

Módulo 5.5 .14

Hoy te voy a invitar a observar el núcleo de la Rosa, a veces a veces es difícil que seamos vistos, porque estamos tan ocupados en deshacer y hacer, que no tenemos tiempo a tener un momento para ser vistos.

En ocasiones el personaje, desarrolla desarrolla..... Y nosotros corremos detrás de esa personalidad.

La pregunta es muy clara..... Cada acción que hagas durante veinticuatro horas pregúntate si ¿realmente es necesario?,

Te puedes sorprender la cantidad de cosas, que nos roban tiempo y que no hacía falta preocuparse por ellas, prepararse para ellas, porque ni siquiera llegaron...

Y otra mayor cantidad de empresas que no nos pertenecen y hemos asumido.

¿Cuál es tu objetivo de vida y qué cosas son necesarias para ella ?,es realmente potenciar tu capacidad de crear soluciones.

Todo lo demás entra en Lucho contigo misma, entra dentro del juicio: -soy buena me amarán...

Pero tú sigues sin amarte y exponiéndote: a un exceso de dolor y olvido de ti misma.

¿Esto es necesario? Es la pregunta de hoy

Módulo 5.5 .15

Todo aquello que son caminos exteriores, nacen de algo que está muy profundamente en mí.

Por eso hemos dedicado estos meses a aprender a conocernos un poquito más.

Hoy la pregunta, parece que hace una trampa, pero es que a veces ocurre así:

¿Dónde se encuentra mi pensamiento, cuando estoy llevando a cabo mis acciones?

En ocasiones creemos que no somos bastante buenos, que no sabemos meditar o manifestar... Que tenemos grandes castigos cárnicos y recibimos injusticias.

Y simplemente, es que no estamos corazón pensamiento y acción a la vez.

En ocasiones estamos angustiados por algo que sucede una enfermedad una pérdida, y nuestro cerebro no puede concentrarse.

Pero en otras simplemente es que estamos luchando en contra de nuestro éxito.

Por ello te invito a responder la segunda pregunta:

¿Qué sentido tiene ir en contra de tu decisión?

Respóndele esto a tu niña interior, pero sé amable y cariñosa porque en a veces no eres tú sino el global de tu fidelidad a los ancestros, a tus vidas anteriores y a tus experiencias.

El hecho de contestar es justo para tomar conciencia del sentido, que está dirigiendo tu mente detrás de tus acciones, y que fuéramos capaces de parar, respirar y decir ahora voy a cocinar y me concentro en cocinar.... Veríamos como cambian las manifestaciones y qué rápido se dan.

Módulo 5.5 .16

Cada uno de nosotras somos nuestros valores, y ellos te definen o te afectan.

La honestidad con uno misma es la clave diaria de la salud o de la tristeza.

A veces nos creemos que gritamos al mundo quienes somos desde la rebeldía, pero eso no es honesto: solo es un "mírame por favor"

Allí donde tú pones el foco en el corazón, es lo que ilumina a todo el sistema.

De ahí la gran importancia de que nosotros hemos nacido para poner el foco donde los demás no lo ponen.

Para abrir la conciencia, de lo que ha de ser una idea o un sentimiento equilibrado.

Al principio poner la voz en el sistema siempre molesta, pero abre camino para aquellos miembros que si desean volver al amor.

De aquí que hoy te invito, al tener una cita con misma, y a

detectar entre diez y veinte valores fundamentales para ti.....

Ejemplo justicia, paciencia, ternura..... Una lista para detectar realmente aquello que te construye.

Y después escribir al lado realmente: ¿si tú te ofreces esos valores a ti?, O los pasas por alto para llegar a todo.

Si quieres ser una mujer consolidada que no puedan volver a manipular, tus valores son tus pilares, y ellos romperán todo lo que te frena y a la vez atraerán lo nuevo

Huir de tus valores es oír de ti misma, es negar tus habilidades, es negar los regalos que viniste a traer al planeta.

Es tiempo de desarrollarte para que tus habilidades, vengan de la Paz de no traicionarte a ti misma.

Módulo 5.5 .17

Todos y cada uno de los pétalos de la rosa se abren gradualmente, y nacen de un tallo, un tallo lleno de espinas de un tronco fuerte que divide su energía en muchas rosas.

Pues así es tu propio mapa interior, sus habilidades y tus conocimientos no son aislados, se funden con las reacciones humanas, con la sabiduría de tu ser de Luz.

En algunas vidas los haces visibles, en otras huyes de ellos, pero son parte de ti y están en ti.

Cada nueva conciencia que admitimos nos aumenta el desarrollo personal, y lo nuevo jamás anula lo viejo, al contrario, te multiplica, y un día por muy diverso que sea tu mundo cobra sentido.

Hay un punto en el camino que creemos que tenemos que elegir: entre nuestro matrimonio y nuestro trabajo, o la vida espiritual...

Todas ellas indivisibles todas ellas son yo, simplemente se trata de unificarlas en los puntos comunes, y a eso es lo que llamamos vocación o propósito de vida.

Conectar con lo nuevo me trae un impacto a lo viejo, el error es rechazar lo viejo. El reto es como incorporar las cosas nuevas a los hábitos de siempre, esa es la creatividad del divino femenino.

¿Tienes motivos para pensar que lo que aprendes no lo pueden aprender, la gente que te ama? No se trata de adoctrinar a nadie sino de convertir y compartir la alegría de lo que haces.

Los cambios siempre cuestan al principio, sobre todo cuando es algo tan íntimo como un despertar emocional, ¿Te desalientas cuando los demás no comprenden lo que haces, o te alientas a mostrarles que es una pasión sana, sin obligarles a seguir tus pasos?

Lo que te separa de los demás: es el juicio que se abre cuando uno empieza el camino espiritual, si él o ella no sigue en mis pasos no podrán comprenderme.....

Ese es el gran error, nadie tiene por qué seguir tus pasos, simplemente respetar tu proceso. Y ver cómo te vas transformando y acompañarte en ello.

La mayoría de las familias y parejas: explotan por la " imposición de lo espiritual al otro",

Queremos que acepte todo lo que hacemos y que lo haga porque si no se queda atrás.....

Es un juicio y una imposición y lo que recibiremos será un rebote y miedo.

Cuando se encontréis en que alguien empieza a cuestionar lo que estáis haciendo, volverte al interior y acordaros que no tenéis porque justificar nada, que podéis amar sin tener aficiones comunes.

Y por ello te invito a hacer una lista de las estrategias que has llevado a cabo para lograr tus objetivos en los periodos más duros de tu vida.......!!!!

Porque ellos la respuesta a cuando alguien te pregunte qué estás haciendo, en vez de decirle que eres una sacerdotisa de María Magdalena cósmica....jajaja, dile que estás buscando estrategias para ser feliz.

Ahí empezará lo sencillo y un diálogo natural sin juicios ni exclusiones, ánimo con tu lista.

Módulo 5.5 .18

Muchas de nosotras en las reuniones físicas, tomamos consciente de que aún no compartimos con nuestros propios padres, lo que realmente nos importa.

Aún tenemos elaborar un mensaje claro.

Es tiempo de dejar de buscar quién tiene razón, y de proponer soluciones sostenibles, ante los problemas que nos afectan con aquellos que nos niegan.

Soluciones donde tú avances y el otro también gane, pero sobre todo os conectarán y crearán vínculos.

Así que vamos a imaginar la parte de ti que más miedo te da, aquel miembro de tu vida con el que chocas una y otra vez.

Pero ahora no serás tú quien trabaje con él, sino que te invito a hacer una redacción: de que le explicarías tú a una amistad, si te contara lo que le está sucediendo.

Como harías una reflexión sin victimizar y sin rencor, para buscar un punto común entre ambas partes.

Cuando nos convertimos en espectadores, la voz ya no tiene juicios de valor, porque ya no hay dolor solo hay una situación que equilibrar.

Todos los discursos dependen de ti, puedes hablar en primera persona herida, fue en la sabiduría de tu alma, que sabe que eso no es toda tu vida.

Este es el ejercicio del aroma de la Rosa, porque el aroma me habla de algo, pero no rompe ni mi felicidad, ni mi libertad.

Módulo 5.5 .19

¿Te imaginas creando un proyecto para tu comunidad? Sí tal cual te digo un proyecto que beneficie a muchas personas, ya sean los miembros de tu hogar o los de alrededor.

Eso sí no esperes que responda a los que tú quieras que respondan.

Para ser visible hay que ser constructivo, aportar y compartir.

Así que el reto de hoy es crear una visión más amplia, de algo que puede alegrar la vida a la gente de tu entorno.

Empieza tu proyecto como uno de final de curso;

Quién te puede ayudar, que economía necesitas, su habilidades tienes, para que crees que es necesario compartir este proyecto, la parte económica real y también los recursos del tiempo que va a ocuparte....

Cuando la vida se pone muy difícil sacamos un coraje impresionante: y luchamos por una enfermedad o por un hijo...y sale adelante.

Esa fuerza de amor está en su interior y solo la bloquea las dudas sobre ti misma.

Es tiempo de crear tu proyecto: desde una cena de amistades hasta un libro el límite es tu imaginación, el llevarlo a cabo es opcional

La confianza en ti misma es lo que hará que igual se pueda llevar a cabo..... ¿Te atreves a soñar?

DESPEDIDA

Gracias por haber llegado hasta aquí en este camino de búsqueda Vibracional hacia tu interior. Sé que este cuaderno de trabajo puede llevarte años, porque cada vez que lo lea vas a descubrir más sobre ti misma.

Por eso es un programa para mujeres que desean ser ellas mismas y siempre al capas para trabajar se. Incluso yo al reescribir unificar el grupo de canalización ha sido todo otra vuelta a mi interior.

Es un regalo abrir las memorias, incluso en las que duele porque te lleva a un nivel emocional donde puedes ordenar y dejar atrás.

Atreverse a buscar aquellas partes de ti, que más duelen y ser empática contigo misma es la más profunda conexión con el amor y con el hecho de desarrollar tu propia vida

Porque la vida exterior es el resultado de tu sanación y tu sanación es el esfuerzo y el compromiso de afrontar tu realidad.

Cuando nos conectamos con nosotras mismas es cuando surge la verdad y el propósito de haber nacido y cuando no tienes nada que justificar a nadie, puedes comprender a todo ser humano que te rodea porque has reconocido el sufrimiento en ti y puedes verlo nosotros dejando el juicio atrás y entendiendo que todos somos los alumnos de una propuesta de vida.

Este libro me gustaría que lo entendieras que ha sido creado para el amor para el amor de tu transformación, y para el amor de tu profunda sinceridad contigo misma

Verás en él muchos Códigos De Luz, que refuerzan los mensajes energéticos esos códigos que ves en los dibujos y forman parte de las canalizaciones. En realidad, lo que hacen es activar tu ADN para que cada módulo en sí, un formato energético que te dé la fuerza para dejar de luchar contra ti misma.

No importa que lea el dibujo no importa su traducción eso es Códigos De Luz actuaran de forma única en cada persona activando en cada una de nosotras como si nos dieran una paga extra para poder transformar nuestras realidades y sostenernos desde el propio espíritu.

Este libro, espero que te pueda ayudar a no escapar, más de la realidad, a través de la personalidad, signo de ir a abrazar esa realidad y reaccionar desde el interior de la misma para prenderlo crucial de cada uno de los aspectos de tu vida.

Vuelvo a repetir, está hecho con amor para la exploración interna de cada una de nosotras no es una religión no es un método es una cita con la vida y contigo misma para que podamos acudir al cierre de aquellas cosas que aún nos condicionan de nuestro pasado.

Como dije al principio del libro, las experiencias que vivimos de bebés antes de nacer incluso son lo que va a determinar nuestras habilidades y la cantidad de amor que nos daremos cuando seamos adultas, así que volved atrás en los propios pasos, nos puede ayudar a ordenar decisiones que nos dañan y liberarnos de esas consecuencias.

El sufrimiento fue una escuela que nos hizo aterrizar en un cuerpo más limitado y una supuesta vida Karmica donde desarrollarnos, pero hay un día en el que una elige dejar de sufrir ese día puede ser en cualquier momento y cuando lo eliges es cuando empiezas a vivir.

No importa cuán complicados sean los aspectos que han quedado de tus decisiones de los últimos 40 años... por poner una edad.

Lo que sí importa es que, conectando con tu auténtica fuerza de mujer, puedes abrir los caminos sin tener que poner tú las soluciones.

Porque cuando una mujer desarrolla su magnetismo, se transforma el entorno, ya que la sabiduría ancestral magnetiza y atrae lo que no podemos controlar, pero está ahí para nuestra mayor bien. Es decir, personas, lugares, ofertas de trabajo, lo que llamamos Milagros que en realidad son nuestros logros mis logros.

Así que es un hermoso día para darte las gracias, ya que cada parte que liberamos de nuestro sufrimiento es como un manantial de luz que liberamos del sufrimiento de la madre tierra.

Todas nosotras somos la madre Tierra todas nosotras somos

la fuente de vida y también somos un portal a que otras cosas se manifiestan a través de nosotros oficios conocimiento, libertad belleza.

Toda mujer es divina vibrante y no sé cómo hacerlo en castellano llena de alegría, Joiosa creo que se dice...

Cuando no estamos en ese estado, que es natural las frecuencias de amor, sexualidad, divinidad y creación es el estado natural de la mujer es porque aún tenemos pequeñas aprendizajes que ordenar y poder cerrar.

Y no es culpa de nadie, ni depende de nadie, s se cierran automáticamente cuando damos una mirada a través del conocimiento y no desde el drama.

Las fracturas emocionales son símbolos que nos da el espíritu para que podamos ampliar nuestro conocimiento sobre la fuerza y el potencial de nosotras misma al cruzarlas.

Y el aprendizaje de otro no te vale a ti, tú te desarrollas cuando lo cruzas por ti misma.

Entonces es cuando todas las fuerzas vibracional de la madre Tierra coge fuerza en tu interior, te sostiene te nutre, te reconforta y te va acercando a lo que llamamos amor incondicional esa asignatura tan profunda de este planeta.

Hagas lo que hagas, te invito a respetarte siempre a darte tu lugar a tomarte tus tiempos a no exigirte más de lo que puedes dar todo tiene un ritmo, la naturaleza, las plantas, los elementos, date al mismo ritmo a ti, los mismos ciclos y el mismo amor y respeto para los comienzos y para los cierres.

Si algún día no puedes trabajar o contestar una pregunta, permítetelo no es una carrera es un diario de alma, pero ese día sale a la calle camina que te da el sol y verás como algo se mueve en tu propia vida porque a medida que caminas entras en el estado de gracia y paz, que te permitirá entender, porque hoy no puedes contestar.

Si Dulce y maternal contigo misma, se trata de que te sientas a salvo a medida que vayas explorando cada una de las partes de tu vida como te protegería la madre tierra. El padre universo es un tiempo para regenerarte y para ir trayendo tu vida de los regalos que le pertenecen.

Gracias por atreverte a entrar en este universo, de la rosa de sanación que te comunicas con tu divino femenino y que su fragancia de luz y estética te va a ayudar o te va a invitar a conectar con más rosas que llegarán por sí mismas a tu vida y que te harán sintonización, es para que puedas expresarte desde lo más profundo con serenidad, y sin tener que defenderte.

Cuando uno entra en contacto con la Rosa universal, se da cuenta que cada vez se siente más fuerte, que, aunque sea tímido, deja de ser obediente, que, aunque a veces se sienta obligado hacer cosas, lo hará desde la alegría, porque comprende el parque de las mismas.

Que se cerraran lasco dependencias, y las ansiedades, seguirás siendo hipersensible, quizá más (bienvenida a mi mundo, de la lágrima y las emociones desbordadas).

Es tiempo ya de que tu economía sea el reflejo de tu libertad el tiempo de que tú elijas las personas que te rodean; porque has empezado a ver la alegría de vivir y lo importante de aprender de quien este rodea, no te entregarles tu propia vida

Gracias desde lo más profundo por haber llegado hasta aquí. Por la confianza depositada en mí durante estos años en los diferentes ámbitos laborales con mujeres siempre doy gracias al universo por todo cuando aprendo cada vez que hay alguien delante de mí para que trabajemos juntos.

Y recuerda el simple acto de elegir estar sentada contigo misma es la mejor curación emocional y física, ya que tus células se van a activar de forma innata y se van expandir y cuando alguien expande sus propias células, el proceso emocional deja de ser una madeja horrible de nudos para verse más claro y aquellas preguntas vitales que parecía no tener respuesta de golpe sincrónicamente aparece que la tiene o tú la encuentras.

Para terminar el libro te voy a dejar el texto que María Abelló en Polonia. Quizá no está ordenado porque lo recibí en inglés antiguo gramaticalmente pero no quiero cambiarle los puntos ni las comas, porque tiene un sentido Vibracional....

The goddess law

all you want, all you have.

all you abuse is return to you.

all you need Gaia know it and gift.

all you talk is love

all you lisent is love

all you are is service and love

the goddess warrior is the womans to preserve love in the most dificuld seasons, and their live love in the most dificuld time

La ley de la Diosa

todo lo que quieras, todo lo que tienes.

todo lo que abusas te lo devuelven

todo lo que necesitas Gaia lo sabe y lo regala

todo lo que hablas es amor

todo lo que lees es amor

todo lo que eres es servicio y amor

la diosa guerrera es la mujer que debe preservar el amor en las estaciones más difíciles, y vivir el amor en los momentos más difíciles

Canalización de Maria en la Isla de Iona, escocia, recibida por mí, Elsa Farr

AGRADECIMIENTOS

Este libro nace después de muchos años de trabajo, el Círculos de mujeres, el Arteterapia y especialmente en el momento mundial que vivimos en 2020, en el que los círculos, al ser por Internet se ampliaron a muchos países, dándonos el regalo de poder ver entre nosotras, como teníamos más en común de lo que podíamos imaginar y como podíamos compartirlo, de forma anónima con personas del otro lado del planeta.

Y por ello, en primer lugar, quiero agradecer a la vida que nos puso el reto, de un cambio drástico de vida a todos, que nos hizo buscar y plantearnos como vivir de otra manera, y a las mujeres de todo el mundo que tuvieron la disciplina y el atrevimiento de abrirse a buscar en su interior, en el instante histórico, de mayor desconcierto y miedo.

Gracias a todas por ir un paso más allá de la realidad exterior y unirnos juntas en búsqueda de las piezas que nos faltaban para ser mujeres completas, y me incluyo yo en esta búsqueda, ya que mi crecimiento junto a vosotras ha sido inmenso.

A título particular,

Quiero dar las gracias en primer lugar a mi esposo: José Luis

quien encontró una mujer que creía haber superado muchas cosas y me trajo a la realidad de la convivencia humana, abriendo el mayor debate interno que recuerda mi alma.

La pelea entre súper Woman, la que podía con todo, la empresaria, la Artista, Canalizadora... y la niña interior aterrorizada: porque estaba recibiendo amor y no sabía si era lo bastante buena para recibirlo.

Cómo afrontar un hogar, cuando no tienes un ejemplo de ello. Procedo de un largo linaje de mujeres casadas por posición social, todas ellas, con amantes, traiciones o incluso con divorcios desde antes de mi tatarabuela.

Y ahí estaba yo junto a un hombre por amor, amando y siendo correspondida. Un hombre que me empujó a ir un paso más allá., aprender a cuidar de mí misma, y volver a mi creatividad, que, por circunstancias familiares, se había quedado un poco atrás, dando mayor énfasis al mundo laboral.

Le doy las gracias por dejar que yo descubra las paredes por mí misma, y esperarme en un abrazo; si reprocharme el famoso: ya te lo dije, que nunca he oído de tu boca. Al contrario, siempre me dices tenías que averiguar por ti misma. Gracias por respetar mis tiempos y mis

miedos y por haberme elegido como compañera de vida.

Por ello, gracias a mi esposo que me trajo la mujer tierra, la que aprendió la vida que nunca había experimentado y a la que sostienes cada día con paciencia para que yo pueda abrir mis alas.

También quiero dar las gracias a dos hombres que llegaron a mi vida junto a José Luis, sus hijos, Andrés y José Manuel.

Ellos me recibieron sin juicio y han traído la alegría a mi vida. Y he podido vivir su adolescencia y como se están convirtiendo en unos hombres increíbles. Me han regalado la fuerza y la responsabilidad de tener un hogar y de confiar en mí misma.

¡¡¡Soy muy feliz de ser madrastra!!! gracias por darme esta oportunidad.

Quiero agradecer a Abel Mayor, pues los años que tuve de Alumno cuando era pequeñito, y después como un hijo y ayudante en la escuela hasta el día que falleció, tu pacto de alma con todos los nosotros ha sido un aprendizaje inmenso, que tu partida despertó muchísimas almas, y a mí me permite ayudar a todas las madres que han perdido, un hijo. Por cruzar las enseñanzas de tu pérdida. Cuando decidiste irte del planeta en 24 horas, me mostraste mis fuerzas para levantarme y seguir ayudando a tus

compañeros y amigos de pintura, levantándome y saliendo del pozo de la tristeza.

Doy las gracias al bebé que decidió irse de mi interior, para no nacer enfermo debido al virus del 2020, por ese acto de amor que me hizo cruzar la noche oscura del alma y al mismo tiempo levantarme de nuevo y compartir las enseñanzas de esos días y esas transformaciones, Cruzando la terrible herida de desvalorización como mujer, gracias por cuidar de mí, pequeño ser, y hacerme crecer como mujer

De las, gracias a Javier Cuende, un hombre que encontró a una niña Licenciada en Arte, pero una niña rota en su interior y apostó por mí. Como jamás hizo a nadie de la familia, obligándome a convertirme con sus retos en la mujer la empresaria que soy ahora y la artista que expone en varios países, fuiste el primer gran maestro de mi alma.

También te doy las gracias en la desgarradora etapa de tu

muerte, que te llevo a otro mundo con tus procesos. En pocos meses aprendí a enfocar mi canal; buscando todo aquello que pudiera devolver al amor a tu células, aunque desde el primer día tú me dijiste yo me voy y tú te quedas, enseñándome el valor del libre albedrío y mi capacidad de velocidad en el canal, porque ni siquiera por amor podía manipular las respuestas. Gracias por hacerme ser la mujer artista y la mujer sacra en nuestro pacto de Alma.

Gracias a mis padres, los dos maestros más grandes y complejos que podido tener, a los que incluso en los momentos más complejos siempre pude ver su amor y acompañarlos en sus decisiones. También agradezco a todo el follón que te da atrás sus enfermedades y muerte todos los años de hospital que me hicieron tomar tierra y unir el mundo de los guías con el coraje de ser mujer y solucionar la realidad de cada día, siempre presente en mí ,mi amor para estar con ellos.

Y en el plano físico quiero dar las gracias a Marga Moret, que ha tenido la paciencia de ordenar mis canalizaciones con sus puntos y sus comas y todo el material de los diferentes años de los círculos de mujeres, reunirlo para que yo después le pudiera dar forma de nuevo en este libro

Y a Cosmin, que me han puesto la pluma en la espalda, creando su editorial y devolviéndome el valor de exponer lo que tengo escrito a corto plazo, para que deje de posponerme en la tarea más importante de mi vida, que es escribir. Y que restaura al mayor excluido de mi familia P. Rusiñol. Escritor y periodista que murió a los 17 años de mama, y del que no se hablaba nada bueno de él o se callaba todo. Asi que gracias abuelo por tu ADN.

Y que el hecho de tener que hacerlo para él me ha obligado a recuperar lo que me robaron en Egipto y yo permití acumulando infinitos miedos en vidas posteriores y memorias de ADN, que me hacían postergar la escritura.

Gracias por ello

Elsa Farrus